『舎《しゃ》監《かん》』せんせい

――集団就職の少女たちと私――

鈴木　政子　著

本の泉社

ラディッシュ

まえがきにかえて

ホテル「マホロバ・マインズ三浦」七階の角部屋のドアは、大きく放たれていた。

声をかけると同時だった。

「こんにちは！」

「いらっしゃい、せんせい」

二〇余名の笑顔が、目に飛びこんでくる。

「わぁ、みんな元気ねぇ。おそくなってすみません」

せんせいと呼ばれるわたしも、くずれそうな笑顔で、みんなと握手をかわす。

平成二六年一〇月二六日、「一寮のつどい」第三五回の幕があく。

彼女たちは、昭和一九年生まれで、七一歳になったはずだ。それぞれの故郷は東北地方がほとんどだ。中学卒業を故郷で迎え、昭和三四年四月、一五歳で集団就職列車に乗って、川崎のN電気株式会社に就職した。

そして、「トランジスターガール」と言われ、寮に住み込み、二交替制で工場勤務をした仲間たちである。

二交代制の女子が宿泊する寮は、五階建ての鉄筋造りの寮と、一寮、二寮、三寮の木造二階建てのものがあった。これらを総称して「若葉寮」と言っていた。全員で六〇〇名を収容していた。

かつて一寮で生活していた八五名が「一寮のつどい」と称して、年に一回、各地から参加し、旧交をあたためている。

わたしは、この寮の一室に寝泊まりしていた。彼女たちとは九歳上の八〇歳になる。寮生たちと四年間をすごした。親でもない、姉でもない、がこの子たちが「かわいかった」。別れたあとも、日本の半分の北の地域で交流は続いた。彼女たちにあったり、たよりを貰ったりしては、励まされて八十路まで歩いてきた。

彼女たちの五十数年の歩みは、百人百様と言えるが、一年に一回、遠くは青森の今別、秋田、宮城、山形、新潟、岩手、福島の各県に帰郷し結婚した人たち、職場結婚をして近県に住む人たちが一泊で集い会う。

故郷の味と香りを持ち寄り、寝るのも惜しんで布団のなかでまで話し合い、ハーモニカ合奏での歌、踊りと少女時代にかえって楽しんでいる。

舎監として出席しているのは、ここのところ、わたしだけである。

「せんせい！　せんせいにはすばらしい個室を提供いたしますから、ひとりで寝てね。わたしたちは、この二部屋に布団を並べて、語りあかすから――」

「はい、はい。立派なお部屋で休ませていただきます。みなさん、どうぞごゆっくり！」

私は早々と引き上げる。

「一寮のつどい」は、こんな「あつまり」なのである。


昭和三四年から、この寮生と過ごした四年間のことは、当時、メモ書きにしておいたのをまとめ、「出版フォーラム自分史コンテスト」に応募し、最優秀賞を貰った。賞品は「一冊の本にして発売してくれる」ことだった。だが発売されて間もなく、「発行社のＳＫ社」は倒産してしまった。何部発売したのかも知らされず、「読みたかったのに」という人の需要にもこたえられなかった。

「せんせい、あの本、もう一回、出版してよ、だって『集団就職』という言葉を知らない人が多いんだもん――」

と言いだしたのは、彼女たちだった。

この要望に力を添えてくださったのは、直木賞作家の出久根達郎氏との出会いと、長年、社会教育についてご指導いただいている立正大学名誉教授、藤田秀雄先生のお教えにあった。

出久根達郎氏のお名前を知ったのは、遅くて申し訳ないのだが、一九九三年に直木賞を受賞なさった時期だった。そのときから、たくさんの作品を読ませていただいた。豊富な知識と巧みな話術を生かしての人間描写は、心あたたかく身に響いてくる。どこから生みだされるものだろうと読みすすめていくうち、出久根氏も「集団就職」組であることを知った。

『思い出そっくり』（一九九四年、株式会社文芸春秋発行）の「親父たち」に、祖父母、両親様のことをお書きになっている。文学に興味を持たれたこと、中学卒業時に自ら就職をきめられた、と次のような文章がある。

当時は「集団就職」全盛期で、私の学校にもたくさんの求人がきた。大半が商店員か中小企業の工員である。書店員という職種に飛びついた。住所は東京都中央区月島。

就職組の級友が、これを「東京都中央　区月島」と読み「くがつじま」ってどんな島だい？　とま顔で尋ねた。

島には違いなかった。ムーン・アイランドとは、なんと美しい地名だろう。けれども現実の月島は、こまごまとした家が建てこむ下町であった。赤茶けて、鉄粉の匂いがする土地であった。

私が訪ねる文雅堂書店は、西仲通りと呼ばれる商店街のまん仲辺にあった。一歩踏み入れた時、湿気た匂いと店内の薄暗さに、とまどった。田舎者ゆえ古本屋という商売を知らなかった。書店といえば、きらびやかで、香水のような甘い印刷インクの香り漂う新刊書店以外、考えられなかった。ポット出の少年は、一瞬、まちがった店に飛びこんだか、と不安になった。

まちがいではなかったのである。古本屋でよかった。思いこみ通り新刊書店だったら、忙しくて、読書三昧《ざんまい》の段ではなかったろう。私は本が読みたくて書店員を志したのだから。

茨城県出身、集団就職で上京なさったとのことで、わたしと暮らした寮生たちと同級生であられたのだ。わたしは「出久根氏とお会いしたい」と願い続けていた。

昨年の秋のことである。母校の文化祭のイベントで、講演においでになることを知った。念願が叶った。講演題目は「作家の値段」。熱心にお話しくださるお姿に寮生たちの姿が重なって見える。迷わず旧本を差しあげた。

翌々日だった。達筆な筆字のお便りが届いた。

「(前略) 早速、帰宅後拝読しました。昭和三四年に寮の舎監として四年間、がんばられたご体験、一気に読みました。この年に就職なさった方たちは小生と同じ年齢、いわば小生の同級生ですね。いまだにご交遊が続いているよし、どうぞ長く長くおつきあいくださいまし。自分の歴史と同じに社会の歴史でもありますから。」

その二週間後に「一寮のつどい」があった。みんなが同級生である出久根氏に寄せ書きをおくりたいとのことで仲介にたった。またすぐにご返事があった。

「すばらしい寄せ書きをありがとうございました。宝物として、「永久保存」します。」

古書店店主でいらっしゃる出久根氏の見事な文章である。

「自分の歴史は社会の歴史」であることを教えられ、きちんと書きなおさなければと心が動いたことは確かである。

また、そこに長年、社会教育でお教えをうけている藤田秀雄先生のご助言があった。

旧版の本を読んでくださった先生から部厚いお便りが届いた。

「このような本がないと。集団就職で都会に来た人たちの労働、生活、おもいが伝わらないだろう。少女たちの『心のいたみ』『がんばり』を、生活を共にしたあなたでなければ書けない。民衆の歴史として、再度、調べなおし、彼女たちの現在をも書かなければ――。ぜひ書いてください」

とのあたたかいお励ましをいただいた。

こんな経過をたどり、五十数年も前のことを掘りおこすように、かつての上司の方々にも助けられ、寮生たちとも逢う瀬を重ねながら、編みだした冊子である。

目次

まえがきにかえて …… 3

I　ロボットに逢った …… 13

「集団就職」をご存知ですか …… 28

「テストケース」としての入社 …… 35

II　つぶやき日誌 …… 41

「舎監せんせい」って? …… 42

みんな、かわいい（中丸子寮） 42 ／ 日曜日（中丸子寮） 43

二〇〇の瞳に（若葉寮の教室） 46 ／ パリ祭（若葉寮） 47

ホームシック（中丸子寮） 49 ／ 痴漢さま来寮（中丸子寮） 52

みんなで泣いちゃった（若葉寮教室） 55 ／ 外泊から（中丸子寮） 56

嵐のあと（中丸子寮） 61 ／ せんせい、わたし悲しい（中丸子寮） 63

ハイヒール（中丸子寮） 65／辞めたいんです（中丸子寮） 66
本採用になりました（中丸子寮） 68／おめでとう、そしてありがとう（中丸子寮） 70

やはり続けます……72
再びスタートラインに 72／六〇〇対二〇〇（若葉寮） 74／終戦記念日に 77
門限やぶり（若葉寮） 79／消防自動車は救急車？（若葉寮） 81
兄さんはおとなしかった（若葉寮） 87／おさえて、おさえて 90
おさらい帳（若葉寮） 92／芽は伸ばしてあげたい（若葉寮） 96
今夜は門限なし（若葉寮） 99／空の青さ（若葉寮） 101／警察署（若葉寮） 103
いやなんです 107／生《なま》のフナ 108／授業参観みたい 109

寮生との別れまで……112
車中の思い 112／におい 114／どうして分かるの？（若葉寮） 116
手縫いの浴衣を持って嫁いでいきます 117／「さようなら」と言えずに 119

Ⅲ　学園組織から高校通信制課程へ……123

Ⅳ　一歩一歩の物語……135
かあちゃん、泣かないで。必ず帰ってくる　136
近江商人の生きかたが手本　153
家になんか帰りたくなかったのに　163
不思議な不思議な出会いがあって　172
Ⅴ　約束違反のせんせい……179
Ⅵ　会社はタワービルに、若葉寮は？……193
あとがき……198

絵（扉裏）：與那覇松子
写真：上野　せい

Ⅰ　ロボットに逢った

第三五回「一寮のつどい」は、ホテルの三部屋続きの一角を確保して、いまや、宴たけなわである。

大きい二つの座卓を並べ、二十数名が、ひしめきあうように座り、そこここに話の輪ができている。目の前には、東北各県からの参加者が持ち寄ったなつかしい味が並ぶ。話の合い間に、紙皿に盛られた煎餅が、ひょいと、だれかの手につかまれる。おまんじゅうが「おいしそう！」の言葉と共に、別の手が拾いあげる。

「このミカン、うちの畑で穫れたのよ。食べてみて」と、ひとつの大きなミカンがタカちゃんに拾いあげられ、キミちゃんの手の手のひらに載せられた。

わたしは彼女たちの動いている白い手を見ていて、以前（平成一〇年）に見学したN電気株式会社の高畠工場の「ロボット」を思い出した。彼女たちの指、手で組み立てられたトランジスターは、いまロボットがこなすようになったのだ。

メルヘンのなかのお城のような駅舎、山形県「高畠駅」に降り立つ。

「美しく住みよい、まほろばの里」とうたっているこの地は、いま、周囲の山も緑、田の稲も緑濃く、四方に広がっている。その緑の絨毯の向こうに、ひときわ高く、白い建物が見える。「N電気　高畠工場」である（平成一六年、この会社は「ＡＳＥジャパン」としてN電気株式会社より独立している）。

平成一〇年の夏、わたしはこの工場を見学させていただくため訪れた。

このときから四〇年前、わたしはN電気株式会社玉川事業所、厚生課に属し、舎監兼教師として勤めていた。まだ地方に工場はない時代である。

ようやく脚光をあび、需要が増したトランジスターの製品化は、玉川事業所でおこなわれていた。集団就職列車に乗ってきた、東北地方出身の一五歳の子たちの手でつくられていたのだ。

そのころ「三本足のトランジスター」といわれていた製品は、研究開発されて、いまではＩＣと呼ばれ、生産工場もここ高畠工場や、九州の工場へ移っていく。そして、人にかわり、ロボットがすべてを操作するという。

わたしは、この「ロボット」にどうしても逢いたかった。この日、関係者のご尽力で、願いが叶うことになった。

門から玄関に続く広い庭も整然と手入れされている。工場のなかも、それこそ「塵」ひとつない清潔さが保たれていた。

たくさんの機械のなかで、少々の人影が動いている感じの、ひとつひとつのセクションを、ガラス戸越しに説明してくださる担当課長の田中さん。現場従業員のうち、男性は三交替制勤務もあるが、女性のほとんどが日勤だとのこと。だが、ここ一〇年余り、社員の採用はゼロです、とのお話に、わたしは思わず課長の顔を見あげる。

「まあ、室のなかにお入りいただければ分かります。いま、人はいらないのです。自動機がすべてやってくれて、故障などは、ほら、見えるでしょう。赤、青、黄の信号が点滅し、教えてくれるので、そのとき、人の手が必要なのです。鈴木さんがいらしたころとは、ずいぶん変わりました——」

彼女たちの手指がロボットに

半信半疑のまま、「ここです、どうぞお入りください」と言われたところの扉を押す。準備室で、上衣、下衣も着替え、頭髪も布でおおい、大きいマスクをし、靴まで履きかえて、白衣の宇宙人になったよう――。壁穴のような関所で消毒のための風波を浴び、ようやく常温無菌の室に入る。目の前から広がるように大型機械が並んでいる。

そこで出逢ったのが、いわゆる「ロボット」と言われている機械。正確には「自動機」である。

自動機の先端は、ボーッと白銀に輝いている。針状のものが指令を受けて、小さいチップをつかみ、カキッ、カキッと子どもの腕のように動いて基盤に置き、植えこんでいく。一秒にも満たない動作が続く。まるで生きているよう、優美に舞い動いている。舞っている自動機の動きが、しなやかな一五歳の手先に、指になって、一緒に舞っている。

あの手は、由美子、清子、あの指は八重ちゃん、せいさん、サヨさんのもの。

さまざまな指を持つ彼女たちの姿が、わたしの目前にせまってくる。

「そうよ。このロボットが、あのときは、あなたたちだったのよ！」

案内してくださった方の前も忘れて、かつて「トランジスターガール」と呼ばれていた彼女たちに、叫びかけていた。

歳月の経過は、会社の規模はもちろん、製作方法も、製品も変えていった。そして日本の産業構造を変えながら、工業化社会から情報化・サービス経済化社会へと、社会構造までも転換させたのだ。

この、ゆれ動き、高なる気持ちをだれかに早く伝えたい。

N電気株式会社高畠工場を訪ね、東京まで新幹線で帰り、わたしは自宅のある東海道線には乗らず、京浜東北線に乗っていた。

「寮のお父さん」と呼ばれていた「林さん」をたずねるためだ。林さんは六〇〇〇人の在寮者のなかでたったひとりの男性であった。職名は寮内のボイラー管理者でご夫婦で寮に住んでおられた。退職して千葉県の成東に住んでおられる。

「勤めていらした川崎とは、ずいぶん離れていますよね。どうして、ここを選ばれたのですか」

農道だという一直線の道を快適に走る車のなかで、迎えに来てくださった彼に聞いてみた。

「ぼくは千葉県出身、それも父親が漁師だから、終のすみかは、やはり海に近くなってしまったというわけ」

初めて聞く話だった。「初めて」は次々と出てくる。太平洋戦争中は、関東軍の兵士として中国にいたこと、旧ソ連で抑留され、帰国してつとめたところは進駐軍。やはりボイラーマンだった。三〇歳でN電気株式会社に入社。工務課に配属、そこから竣工なった若葉寮へ。この寮はトランジスター製作用に二交替制勤務者のために作られた、初めての寮である（昭和三四年）。そして定年延長の六四歳まで若葉寮の住人だった。お連れ合いさんも社員として定年までつとめられている。

林さんも「一寮のつどい」には、ずっと出席してくださっていた。この年の六月にもお会いしている。

「一寮の子とは四〇年来のつきあいになるなあー。おれが入社したときからだから。何千人もの寮生と暮らしてきて、ずっと続いているのは、この子たちだけだよ」

「そう、わたしも不思議だと思う。分散寮の人たちを含めると一五〇〇人ぐらいの人と出会っているはずなのに――。初めて担任した子たちだったからかしら」

「会社にとっても、女子寮生は初めてだったし、選び抜かれてきた、いい子らだった。手のかからない子だったよな」

話は絶え間なく続く。

広い敷地に建てられた注文住宅のリビングには、夏の陽ざしがいっぱい。が、暑くはない。外からの物音は、なにも聞こえない。嵐の夜は、太平洋の荒れた波音が響いてくるという。

「高校に行きたかったんだけど、という子が多かったですね。授業（社内学園）のときにも、受験の参考書を机の上に積んでいるの。わたしとしては、かわいそうやら、つらいやら。でも、早くあの参考書をしまって、わたしの話を聞いてほしいな、と思っていたのもたしかでした」

「そうそう、中学校の教科書を持ってきた人、多かった。何年かあとに辞めていくときは、焼いていったけどね」

同じ場所にいて、共通項をたくさん持つわたくしたち。打てば響くような「かかわり」をありがたいと思う。

「おれは、寂しそうな子、おとなしい子に、よく声、かけたよ。きれいで、はきはきしている子は、職場でもすぐ異性の仲間もできるんだが、おっとり型の子はだめで、ホームシックになっちゃうんだ。一年くらいは気をつけていた。目立たない子をひっぱりあげよう、あげてやらねばと思っていた」

「林さんもそうだったんですか。わたしも同じことを考えて寮生には接していたのですが、うまくいかないこともあって、悩みました」

彼は「そうか、許す、許す」という表情で続ける。

「二年くらい経つとね、バレンタインデーの贈りもの、どうやって渡したらいいか、なんて聞きにくるようになる。でも、あのころの一五歳の子と、いまの一五歳の子とでは、すごい差があるね。一寮の子たちは、ほんとうにボコだった。純粋だったね。『わたし、キッスされちゃったけど、子どもできるんじゃないかしら』って、泣いてくるのよ。おれのところにくるときは、いつでも泣いてくるんだから」

「わたしたちができなかった、いや、やらなければならなかったことを、林さんがフォローしてくださっていたんですね」

「いいや、そんなことはないんだろうけど、おれは『ボイラーのおじさん』だから、なんでも言えるのよ。とくに性教育関係なんかはな、あはははあ」

林さんは照れを笑いでごまかしたようだ。

「自分たちと、そう年齢の違わない舎監さんには、わからないことがたくさんあるわけだよ。鈴木さんが辞めてから、本格的な学園組織になってからは、大学や短大卒の舎監がたくさん入ってきたんだ。そしたら、寮生から要請が出たんだよ。大学卒の舎監でなくていいんだって。世間的に経験のあるおばさんでいいって。若い舎監は一緒になって泣くだけだから、だってね。もちろん、寮生も中卒は少なくなって、ほとんどが高卒になってきたし、東北出身だけでなしに、沖縄あたりから来るようにもなった。問題点も多くなっていったがね」

若葉寮も四〇年の歴史を経てきているわけである。

彼女たちは、どこで林さんと話していたんだろう？

「うん、ボイラー室でのこともあったし、洗濯場でも。流してしまうお湯を洗濯用に、ドラムかんのなかに汲んでおいてやると、『ありがとう』って、よろこんでバケツで持っていっていた。そうそう浴場にも入っていったよ。蛇口がつまったり故障するわけ。そんなとき、『全員、湯舟のなかに入ってろ』って入っていったけど、慣れてくると、逆に寮生から、『林さん、どこ見てるの。ここは女風呂ですよ』なんて言われて――。かわいい子たちだったよ」

彼女たちの息抜き場でもあったのが、林さんのいるところだったのだ。

「林さん、あのころ、まだ三一歳でしょ。美男子だし、寮生は憧れていたんじゃないかなあ。うちあけられて困ったなんてことありませんでした？」

　お連れ合いさんが、大きな額に入っている、お二人の写真を持ってきてくださった。若くて美しい男女がほほえんでいる。

「ウーン、憧れてはいたみたいだね。なにしろ、彼女らにしてみれば、はじめて出会う異性なんだから」

「ああ、そうですよね。一五で来てしまっているわけだから、父親以外にはじめて出会った男性、ということになりますね」

「里帰りだと言って訪ねてくるアキコなど、『林さん、あのときと同じ、きれいだわ。よかったあ』って叫ぶんでびっくりしたあ」

「林さんにとって『寮生』って、どんな存在だったんでしょうね」

　彼は首をかしげ、考えこむように、だが、きっぱりと答えた。

「自分の子どもみたいなもんだね。頼ってくるんだもんな」

　そばからお連れ合いさんが言葉を添えられた。

「身内ではないけれど、身内のような……」と。

　定年の辞令をもらっても、嘱託というかたちで、ボイラーの後継者を育てていたが、正式社員ではなくなった者に対する会社の対応は違うものだった。

「責任者の立場ははずさずに、こちらの要求は入れてくれなくなるし、ボーナスなども渡されるときは、今までは最初だったのに、いちばん後ろにまわされる。そんなこんなで、コンテキショウ！　と心のなかで怒っていたら、心臓が故障しちゃって、いつもニトログリセリンと同行ということになって――」

一〇のうち八しか作動しない、と側からお連れ合いさんが心配そうに説明してくださる。

「ええっ、今日、こんなに興奮させてしまって、大丈夫でした？　お元気そうだからって、おしゃべりしちゃって」

「大丈夫、大丈夫。もっと話したいことあるんでしょう。続けて、続けて」

林さんに誘われるように、愚痴が出た。

「会社の組織って、そういうものかもしれませんね。今回、社史や資料を調べていて感じたのですが、寮生のことなど、ひとことも書いていない。もちろん、従業員の一人ひとりなんだからと言われれば、それまでですが。でもN電気株式会社は、トランジスターの研究と量産を、わりあい早く手がけ、それが足がかりになって『世界のN電気』といわれるまでになったのでしょう。はじめにトランジスターガールといわれて三本足のトランジスターを作ったのは、一五歳の少女の繊細な手と、確かな眼だったのですよね」

　わたしは続けて、高畑工場での、ロボットと彼女たちの手のことを話した。自分でも声高になっているのがわかる。

「鈴木さん、ビールがいまごろ利いてきたんじゃない。弁舌さわやかになってきたよ」

　林さんにからかわれたが、言いたかったことが、ここで爆発した感じ。帰りの電車の時間を気にしながらも続けた。

「会社の年表には、トランジスター工場完成、半導体二交替制勤務実施、初の大型鉄筋女子寮『若葉寮』竣工、それに、玉川女子学園開校。これだけの項目があっただけなの。調べていて寂しくなってしまった。

　集団就職という言葉だってそうでしょ。知らない人のほうが多くなってきちゃった。そのうえ、彼女たちの『心のいたみや、がんばり』までが消えていく。消してはならないことなんですよね。日本の歴史の一断面なのだから」

「ウン、ウン、わかるよ。そのとおり！」

　林さんの的確な合いの手。

「せいさんや八重ちゃんの、ご両親にも、先生にもお会いしました。集団就職列車に乗った何十万人という人たちのなかの、わずかな関係者ですが、わたし、すこし見えてきたことがあるんです。それは、ほとんどの人に太平洋戦争の影響がある、ということ。と、戦争で大勢の若者が亡くなった、そのかわりに、一五歳の少年少女が頑張らざるをえなかったということ」

「それから」

林さんの眼が、わかってきたことは、もっとあるのだろう、とうながす。

「日本の高度成長期に、安く使われたのが集団就職の子どもたちと出稼ぎのお父さんたち。この人たちの力がなかったら、いまの『経済大国　日本』はなかったと思うのです」

わたしの、調子に乗ってしまった熱弁を、彼はしっかりとうけとめてくださった。

「そう、N電気だって、『世界のN電気』といわれるまで大きくなったのも、彼女たちの力があったからだと思うよ。ご高説には賛同いたします」

「ありがとうございます。アハハア」

照れ笑いをしながらも、わたしは真剣であった。

「あの当時の上司、杉本さん、佐藤さん、武藤さん、木村さん、岩崎さんたちと、OB会などでお会いすると、わたしと寮生が結びつくらしく、いつも『N電気の基礎を築いたのは寮生たちです』と言ってくださる。まあ、それが嬉しくて、ひとつの救いにはなっているのですが――」

「あの子たちも言っていたよ。『N電気』の看板を見かけると、わたしもあそこで働いていたんだって、誇りに思うって。いま『N電気』のネオンが全国でチカチカ輝いているだろう」

「そうなんですよ、ほとんどの子がそう言っています。でも、それだけで終わってはならない問題なんですよねえ。あーあ、よっぱらった勢いで、言いたいことを吐きだして――。お聞きいただき、ありがとうございました」

「泊まっていけ」と言われる林さん宅に、終電になるまでお邪魔し、飛び乗った電車はガラガラだった。

「寮生たちのお父さん、あの子たちのためにも、ぜひ、元気でいてください。そして――、ありがとうございます。あの子たちを、こんなに愛してくださっていて」

自分も身内のひとりと感じ、無人の車両で、声にして、林さんにつぶやきかけている「わたし」が、なんとも不思議だった。

「集団就職」をご存知ですか

「蛍の光」のメロディーの流れるなか、汽車はホームいっぱいの見送りの人々をかきわけるように動きだした。

一瞬、歓声が、いや、叫び声が響きあう。

「がんばるんだぞ！」

「うちのことは心配すんな」

「からだに気をつけろよ」

「たより、寄こすんだぞ」

「行ってくっからな」

「さよなら――」

相手に聞こえているのか、いないのか、それでも声を出さずにはいられない。そんな人々でホームだけが浮きあがり、別世界になる。

手渡されていた五色のテープも一本、二本と切れて、虹のようにたなびく。

たくさんの手がゆらぎ、力のかぎり振られる。車窓からの涙にぬれた子どもたちの顔、車外からの、まっかな眼をした親の顔、が、だんだんと離れていく。

汽車は速度を早めながら、ひとつの世界を分断するかのように「上野行き」の列車として、レールの上をひた走る。

昭和二九年（一九五四）から五〇年（一九七五）にかけて、三月末になると東北地方の主要駅頭で見られる情景である。中学校を卒業したばかりの少年、少女たちが親元を離れ、こうして集団就職列車に乗って、それぞれの任地に向かった。

いま、辞書をひいても「集団就職」という項目を探すのはむずかしい。

農家の次男、次女以降の子が、中学校を卒業した直後に、主要都市の工場や商店などに就職するために臨時列車に乗って旅立った。この集団就職列車は、当時の労働省の指導で「集団就職列車」との名称で運行された。

昭和二九年（一九五四）四月五日一五時三三分、青森発上野行き臨時夜行列車が初めとされ、昭和五〇年（一九七五）に終了されるまでの二一年間、運行された。当時は、青森駅から上野駅まで二一時間かかった。

就職先は東京方面が多かったので、上野駅が終着駅になった。駅では、大中小企業の関係者が旗を持って出迎えに行き、同乗し付き添ってきた職業安定所の職員や、卒業校の教師たちから彼等を引き取り、それぞれの職場に向かった。なお、九州や沖縄県からの就職者は、フェリーを使った。

昭和三一年版の経済白書は、戦後の経済について、次のような文章で「結び」をつづっている。

「戦後日本経済の回復の速かさは万人の意表外に出るものがあった。（中略）もはや『戦後ではない』。われわれは、いまや異った事態に直面しようとしている。回復を通じての成長は終わった。今後の成長は近代化によって支えられる。（後略）」

だが、今の時点で考えてみると、昭和三〇年に「戦後は終わっていたのだろうか」と、疑ってもみたくなる。一五歳の子どもたちは、地域の各職業安定所を通し、それぞれに職を得て、故郷を離れ、京浜、東海、阪神工業地帯の大企業や、町工場、商店など、さまざまな分野の仕事にいどみ、頑張ることになる。この人たちを「集団計画輸送」するため、地域ごとに同じ列車に乗せて「集団赴任」させた。これがマスコミなどの影響で、「集団就職」といわれるようになったのだった。

昭和三〇年代、東北各県では、多少の違いはあるが、中卒の就職希望者のほぼ半数は他県へ就職している。日本の経済は全面的に、いわゆる高度成長期に入ってはいたが、農業関係は、歩調を並べるようには、著しい変化を示さなかった。食料となる現物はあるが現金のない農家が多い。

家業を継ぐ「跡取り」といわれる長男（または長女）を残し、他の子どもたちは、義務教育を卒えると、就職するのが普通とされていた。ここに登場する人たちの就職状況は、昭和三四年になるが、全国で一九六万人の中卒者のうち就職希望者数は五九万六〇〇〇人と統計に出ている。約三六パーセントが就職していることになる（「青少年白書」による）。ちなみに平成九年版の「青少年白書」によると、中卒者（一五四万五〇〇〇人）の就職率は一・四パーセント（二万一八〇〇人）になっており、年々、より減少している。

こうして一五歳で自立して社会人となり実質的には成人したことになるわけだが、職種としては、ブルーカラー（特に製造業）やサービス業（特に商店や飲食店）での単純労働が主体であった。

男子の中卒労働者の統計結果は、工員が半数を占め、ついで多いのが職人、店員となっている。

女子の中卒労働者の統計は工員が四割で最も多く、ついで店員、事務員となっている。ほとんどが労働組合のない京浜工業地帯の中小企業や零細企業が多かったため、雇用条件や作業環境もきびしく、離職者も多かった。

また、学力が高くとも経済的な理由で高校進学が困難であったという人々も多かった。就業先では、定時制高校と連携したり、「一五の春を泣かせない」をスローガンとする高校全入運動の取り組みもあったが、集団就職組すべてには行きわたらなかった。

そのうち低所得者には、奨学金を給付することで高校進学率が上昇し、必ずしも中卒者が即戦力とはならなくなった。

また製造業では合理化の一環で工場のオートメーション化を推進させ、それまで単純労働力として持てはやされていた中卒者は、必要とされなくなったのだ。オートメーション化のため導入された機器は工業高校以上の知識が必要になり、製造業界は高卒者優遇の時代に突入した。

そのうえ、昭和四九年（一九七四）にはオイルショックで経済が低迷したこともあり、労働に際して制約の多い中卒者の新卒採用を控える企業が増加した。一五歳～一八歳未満の中卒者は労働基準法の規定により深夜労働や時間外労働ができないようになっていた。

年々、中卒者の高等学校への進学が増加し、九〇パーセント以上が高校へ進学するようになった。そのため中卒者を対象におこなっていた集団就職は成り立たなくなり、昭和四五年以降には廃止する地域が多くなった。

昭和五〇年（一九七五）に最後の集団就職列車が運行され、昭和五一年（一九七六）には集団就職は沖縄県のみとなったため、昭和五二年（一九七七）に労働省（当時）は、集団就職を完全に廃止した。「金の卵」たる中卒者の時代は、ここで終わったのだった。

この本に登場する人々は、昭和三四年、東北地方七県から、職業安定所でのN電気株式会社の採用試験に合格し、集団就職列車に乗って入社してきた女子たちである。そこにやはり集団就職で他社に勤めたが退職し、N電気株式会社に再就職した、一歳か二歳年上の女子の生活記録も入っている。

現在一一七年の歴史を持つこの会社は、通信インフラでは国内で首位を保ち、ITサービス、半導体、個人向けPCなどに力を入れている。

「田村きみ　社員に採用する　昭和三四年四月一日　N電気株式会社」との辞令を受け

取った寮生たちは、入社してすぐに『六拾年の歩み』という冊子をもらっている。七〇頁ほどのものだが、読んでいると、会社設立からの歩みと、日本の歴史とが合致するのが分かる。

会社創立は明治三一年である。そのとき社員一九名、職工七三名、合計九二名であったが、明治四一年には五〇〇人を、大正九年には一〇〇〇人を越すにいたった。満州事変後に急増し、太平洋戦争終戦直前には二万六八四〇人に達した。当時、各地に開設された製造所の学徒、女子挺身隊、勤労報国隊などの戦争傭員を加えれば、四万人を越す状況だった。

終戦後に、これら戦時傭人と共に新規徴用者を帰郷させ、企業整備をおこない、従業員は、いったん激減したが、昭和二八年以降、再び増加している。昭和三一年当時は、約八〇〇〇人の社員をかかえていた。

このときの男子だけだが統計グラフがある。勤務構成は五年未満が三〇%、一〇年未満が一〇・五%、一五年未満が二〇・五%、二〇年未満が三〇%、二五年未満が一六%になっている。

また学歴構成は、大学卒が一五・五五%、高校卒が二六・七六%、中学卒が五七・六八%となっている。二〇一四年三月の会社の従業員は、一〇萬九一四名になっている（二〇一四年三月集計『会社四季報』より)。

平成二七年である現在、当時の寮生はもちろん定年をこえているし、社内結婚組も退職している。

「テストケース」としての入社

集団就職の子どもたちとわたしのかかわりは、出身大学の一通の手紙から始まった。同じ故郷、喜多方出身の伊豆野タツ教授からのものだった。

祖父からの仕送りで学生生活を送ったので、入学当初から制約があった。職人であった祖父は「おなごに学問はいらん。どうしてもと言うなら『家政科』なら許す」ということで、とりあえず「家政学科」に入学した。二年生のとき、転部試験を受けて「国文学科」に移り、祖父にはだまって卒業した。

国語の中・高の教諭と司書と司書教諭の免許を持っていた。いったんは指導教授である福田清人先生の推せんで、ある大手の出版社に入社したが、私にとっては過重な仕事で二年も持たず、体調をくずし、喜多方に帰っていた。そんなことを心配してくださった伊豆野先生からの便りである。

「その後お変わりありませんか。

さて、今回、N電気株式会社から次のような求人がありました。学校というのではないので、どうかと思いますが、大きい会社ですし、もし希望なされば推薦いたします。

ご両親さまともよく相談なさって至急、お返事をください。

○中卒女子工員（原文のまま）の舎監（住み込み）をかねて国語を教えられる人。

○給料、月一万円くらい」

先生のご好意はありがたかったが、「舎監」という仕事内容が想像できなかった。辞典類をめくり、「舎監」「寮生」という言葉を探し調べたが、具体的には何も分からない。

この年、改めて福島県の教職員採用試験を受験し合格していた。県内の「教員になる」と、職場待機の状態だったため両親は反対する。が、そのときの「若さ」は、「東京にさえいれば、やりたいこともやれる」という希望を捨てきれなかった。

「勝手に出ていく娘を見送ることは許さん」と、父は母に厳命する。駅舎の片隅で、無言のまま見送ってくれている母を見付けたとき、上野行きの列車はすでに動いていた。

昭和三四年六月一日付けで、わたしはN電気株式会社厚生課寮務係に属し、舎監として職に就いた。

寮務係には係長と、事務関係全般をになう女性の武田さんと麻田さん。それに寮務全般（男女の寮を含めて）にかかわる仕事をしている滝口さんと鈴木さんの二人の男性がいる。その管理下に舎監たちがいるという業務形態になっていた。

それまで知らなかったが、N電気株式会社は電気機器業界では大きな会社だった。わたしが入社したころは、技術革新の時代といわれていた。マイクロ波通信の実用化やトランジスターの実用化をめざし、昭和三三年（一九五八）には、玉川事業所にトランジスター工場を完成した。そのために二交替制要員として、集団就職を主に、多くの若年労働者を採用する。

昭和三四年四月には大型鉄筋女子寮、若葉寮を設立。はじめは三〇〇人収容、のち建て増して六〇〇人収容の大きな寮をつくった。N電気株式会社の社史の年表によると、このときの全従業員は一万人であった。

この若葉寮に入寮する二交替制で働く一五歳の少女たちを看る立場の人間として、わたしは、大学卒では初めて、テストケースとして入社した。また大学でも、この会社に初めて入社させた卒業生になった。どんなに辛くとも一年間は勤めるという条件もつき、以後、後輩たちが毎年、入社するようになった。

わたしが採用される前に、事業所から移ってきた年配の人たち、技芸専門学校出身の人、元看護師長さん、短大卒の人たちなど、十数名の人たちが、すでに仕事にたずさわっていた。

勤務する場所は東京都を少しはずれた多摩川べりの玉川事業所で、若葉寮は事業所の裏門を出て数百メートルほど歩いた平間駅寄りにあった。このほかに工場から歩いて一〇分以内の場所に女子の日勤者が住む、アパートを改造した「分散寮」と言っていたが、五ヵ所ほどあった。

わたしは、日勤者の住む分散寮の「中丸子寮」、六〇名在住の寮をひとりで管理し、昼間は通いの人が留守番に来てくれるので、若葉寮に通勤していた。若葉寮は二交替制勤務者のみ収容しているので、事務的な仕事に加えて、余暇利用にと初めた教育講座の国語講師として教壇に立った。

会社から「女子寮舎監業務」として、次のような印刷物をもらった。

「女子舎監業務」

●業務内容

1　建物、施設の保全（修理依頼、掃除点検）
2　備品の保管、管理（取扱い指導、使用心得、備品台帳）
3　食費、寮費の徴収（徴収、納付）
4　盗難防止（戸締点検、寮内巡回）
5　火災予防（火気点検指導、消火器の説明、避難訓練）
6　外来者の応対
7　服装及び風紀の取締り
8　会社連絡、報告、調査（病気、事故報告、寮日誌、月報）
9　寮生、日常生活の諸指導
10　日課（起床、外泊、欠勤者の取扱い、病人の看護、相談）
11　教育講座（科目別に分担）
12　健康、衛生相談、指導

●勤務

1　監視断続業務
2　休日、月二回
3　休暇、年一五日

説明されても分かる仕事の内容ではなかった。毎日毎日が勉強であり、体験がその後の業務の目印になっていく、そんな「仕事」である。

二〇歳になったときから、ときたまだが日記のようなものを書いてきていたが、この無我夢中の生活が始まってからノートに向かわなくなった。

だが、書いて、それで自分の気を静めなければどうしようもないことが多く起こってきた。わたしは事務所のメモ用紙の上、または舎監室で、新聞にはさみこまれてくる広告紙の裏に、そのときの感情をエンピツでぶっつけるように記していった。

日記とも違う、詩とも違う、それはわたしの「つぶやき」だったのかもしれない。

Ⅱ　つぶやき日誌

「舎監せんせい」って?

みんな、かわいい(中丸子寮)

とうとう「舎監さん」になってしまった。寮生は「せんせい」と呼んでくれる。今日で、一七日間が過ぎた。

多忙な職業である。だが、何もしないでいようと思えば、そのままでもいられるし、誠意をこめてやろうと構えれば、寝る暇も惜しいくらい。

いま住み込んでいる中丸子寮の六〇名。すべての人がわたし(旧姓　斉藤政子)を理解しているとは限らない。「うるさくて、いやな奴」と思っている人たちが半分はいるかな?最近、みんなをかわいいと思えるようになった。不思議だなあ、自分の子どもにしては大きすぎる。妹にしても、いいえ、やっぱり妹とも違う。教師が教え子をみるように、いいえ、それとも違う。今ある言葉では見当たらない、不思議な愛情だ。

わたしの誠意を感じてくれる。

しみじみ考えた。

人なんて悪い人などいない。みんないい人なのだ。長所を探しだしてやればいい。そして、それを好きになればよいのだ、と。

日曜日（中丸子寮）

起きあがってみたら頭が重い。

こんなときは、一日中、布団のなかで寝ていたいなあ。でもだめだめ、仕事、仕事。

さあ、六〇人分の朝ごはんをみてやらなければならない。今までこんな大勢の人のごはんを炊いたことがない。

分散寮では、日曜日だけは自分たちで朝夕の食事を作る。決められたわずかな食費で、初めは、どうしてやっていこう、と思案したものだが、やればできることが分かった。

ごはんが少し固いときがある。だめかとも思うが、「えい！」とお湯をごはんのうえにかけて、もう一度トロ火で蒸す。ちゃんとおいしいごはんが炊きあがる。結構、ゴマカシも覚えた。

寮生の当番が、ほとんどやってくれるが、それでも、このせんせいがいないと、なかなか「ごはん」にならない。ガスに火を点けてから、当番の人を起こす（過保護かな）。できてからが大変。みんなが、なかなか起きてこないのだ。部屋ごとに「起きなさい」と声をかけて歩く。寝巻きに羽織をひっかけ、顔も洗わずに座る子に、「ちょっと、おかしいよ」と身支度をさせるのも、わたしの役目のようだ。

みんなが座って、「おはようございます。いただきます」と、第一声をあげる。

朝食後は寮内の大掃除、ここはきたない、もっときれいに、など口だけは達者なのもわたし。これが終わると、面会人の応対。ブザーがなるたびに玄関に立つ。

忙しいなあ、日曜日なのに。舎監に休日がないなんて、おかしいよ、と思っていた。そんなとき、本多さん（大学時代の友人）が来てくれて、福田清人先生宅（大学時代の指導教授）へ連れだしてくれた。東横線に乗って、渋谷で乗り換え、井の頭線の西永福町駅まで。久しぶりに「普通の空気」を吸いこんで、大きく広がる青空を見あげる。

「本ちゃん、ありがとう。あのままだったら、ほんと、狂ってしまいそうだったの」

「たいへんなところに勤めちゃったんだね。大人しく、ほんとうの先生にでもなっていたらよかったのに――」

本多さんは高校の国語の教師である。エスカレーターにも、エレベーターにも、必ず先に乗る。「先生稼業が身についたなあ」と、後ろについて歩きながら、ニヤリとする。福田先生にお会いするのは久しぶり。わたしの寮での奮闘を、懸命に話すのだが、先生も本多さんも、笑っているだけ。

「へえー、さいとうさんにも、そんなことできるのかぁ。新発見だね。でもね。自分の勉強も忘れてはだめだよ。流されているうちに、なんにもしないで終わってしまうよ」

ありがたくて痛い先生のお言葉だった。いわゆる「自分の勉強」など、すっかり忘れていた。いつもそうだが、先生にお会いすると、無性に書いてみたくなる。まだ、こんな気持ちが残っている。大切にしなければ、と思う。

新しい息吹をいっぱい吸い込んで、夕食の準備に間に合うように帰寮。

待っていた、待っていた。寮生の親御さん。職場の班長さん。寮生のボーイフレンド。それぞれに応対し、ボーイフレンドの品定めまでやり、夕食の支度にかかる。

今晩は腕をふるっての「ちらしずし」。おいしそうにできた。

寮生は、「おいしい、おいしい」と言って、残さずきれいに食べてくれた。残したのは、わたしだけ。頭が痛いのが、つもりつもって、気分が悪くなってしまった。

「せんせい、どうしたの？」

「具合が悪い？　後片付けはきちんとしますから、早くやすんで――」

寮生たちに追い払われるようにして部屋に入る。でも、寝るわけにはいかない。いつ誰が訪ねてくるかわからない。部屋をまわらなければ、戸締りを見てから、などと、寝巻きに着換えもできず、一一時半まで布団は敷かなかった。

舎監に、完全な休日はないのだ。

これで今日の日曜日もおわり。おやすみなさい。

二〇〇の瞳に（若葉寮の教室）

初めて教壇に立つ。

二〇〇の瞳がじっとわたしをにらんでいる。にらんでいるんじゃない。でも、わたしには、やっぱりにらんでいるとしか思えない。

恥ずかしい、という気はとうに消えていた。教えるという気持ちも、そのときはなかった。二〇〇の瞳に負けてはならない、目をそらしてしまったら負けだ、と思った。

早く、この瞳にやさしい光を与えてあげなければ――。

彼女たちの机の上には、ノートと筆記用具のほかに、高校進学用の参考書が並べてある。どうして？　わたしはこわくなった。この子たちは高校に行きたかったんだろうなあ。気持ちはわかる、だが、その参考書類が、わたしをおびやかす。

何を話せばいいんだろう――。用意してきたことも、全部、忘れてしまったみたいだ。とにかく声を出さなければ。その思いだけで、しぼるように、「こんにちはぁ――」と出してみる。声になった、言葉になった。あとは楽だった。

一〇分もすると、わたしの話に、あの瞳たちが動いてくれた、輝きだしてくれた、笑ってくれた。

ああ、よかった。わたしはみんなの先生になれるかもしれない。あの参考書と友だちになれるかもしれない。

わたしは、黒板に向かって字を書きながら、「ありがとう」とつぶやいた。

パリ祭（若葉寮）

「今日は七月一四日、パリ祭だったな」

以前に勤めていた出版社の小グループを思い出した。

「さいとうさん、今日はなんの日か知ってるかい」

「えーと、七月一四日でしょ、分かんない」

「このお嬢さんは、なにもご存知ないんだから。パリ祭だよ」

「あっ、そうか、そうだったの。ほんとに、わたしって、なにも知らないんだから――」

「そんなに気にしなくてもいいよ。じゃあ、一〇月一五日はなんの記念日か知ってる?」

「その日も、分からない」

「分からないはずだよ。この日は、おれの童貞喪失の日」

「いやだあ――」

頬を赤らめるわたしをみて、みんなで大笑いする。そんな学者揃いのおじさまたちに、よくいじめられたっけ(かわいがられたのかな)。

ひとりで、ポツンと思い出した。

若葉寮の事務所では、「パリ祭」などと、言いだせない。

「あなたは、学卒のエリートなんだから」

決してインテリぶってはいないつもり、逆に学卒などということを捨ててしまったつもりなのに。いつも、このひとことで片付けられる。

先輩に教わることは多い。加えて気遣いもしなければならない。女性だけの職場の雰囲気は、独特なものがあるものだ、と痛感。

「でもね。あなただって大人でしょ。信念を持って、しっかり仕事していかなきゃ。周囲ばかりみていちゃ、与えられたことができないよ」

言葉にして、自分に言い聞かせる。

学園組織のカリキュラムも完成しなければならないし、寮に図書館を作りたい。ソフトボール大会や演芸会もやりたいなあ。企画を出してみよう。

昔のことなど思い出してはいられないはず。

さあ、前進、前進。

ホームシック（中丸子寮）

終まい風呂に入って、寝る前に寮内をひとまわり、と二階にあがる。ところどころに小さい電灯がついている長い廊下。

「えっ、なあに」。何か黒いかたまりが見える。心臓のあたりが「ギックン」とする。人だ。人がうずくまっている。ひとり、いや二人、いやいや五人、六人もいる。

気持ちをおさえて、なにげないふうに問いかける。

「どうしたの。もう消灯の時間は、とうに過ぎているのよ」

返事のかわりに、押しころしたような嗚咽がもれる。

「家に帰りたい――」

ひとりが泣きながらつぶやく。続いて黒い人影が寄ってきた。

「せんせい、家に帰して――」

殺気だった雰囲気が、わたしのからだを震わせる。

「そう、そんなに帰りたいの。でもね、いま夜中でしょ、電車も走っていないのよ。どうする?」

入社してまだ三ヵ月。帰りたいんだろうな、家族が、母親が恋しいんだろう。分かる、分かるけど、どうしようもないじゃないの、どうしたらいいの、逆に自分に問いかける。

そのとき、石井舎監の話されていたのを思い出した。彼女は年齢は同じだが、舎監業では先輩。福島県出身の寮生八〇名を、ひとりで看ている。やはり夜半に、ひとりが「帰りたい」と言ったら、全員が帰りたいと廊下に出てきてしまった、という。

「わたしね、困ったなと思ったのは確かだけれど、とっさに言葉が出たの。『帰りたいなら、帰りなさい！　でも、こんな夜、駅までだってこわいし、だいたい電車が走っていないわよ。どう、あした、朝になったら送っていくから、今夜はやすみましょう』って。そしたら、納得して、みんな部屋に戻ったわよ」

そうだ、この手を借りよう。

「ねえ、相談だけど、あすの朝、いちばんの電車で、わたしが上野まで送っていくから、今夜はやめない？」

自分でも意外なほど、優しく言えた。

子どもたちは、うなずいて自室にもどった。

次の日の朝、起床合図の音楽を流す前から、身支度をし、舎監室で待った。

来ない。そのうち出勤時間になってしまった。玄関で、ビクビクしながら、みんなを送る。

「せんせい、ゆうべはごめんなさい。いってまいります」

あの子が明るい顔で、会社に向かって歩きだした。キヨちゃんも、トモちゃんも、ヨウコちゃんも。

昨夜から、うずいていた胸のなかから、何かがストンと落ちていった。

「いってらっしゃーい」。

痴漢さま来寮（中丸子寮）

この一〇日間、神経がとがりっぱなし。

やっと痴漢さまもあきらめたらしい。「ごくろう、ごくろう、まさこさん」と、自分をいたわってあげたいぐらいだ。

事件は、一〇日前の夜一〇時から始まった。

各部屋をまわって、さて日誌をつけて寝ようか、と、思っていたときだった。五号室の菊池さんが腰を抜かさんばかりの姿で、飛んできた。

「窓のところに男の人が立っている。せんせい、早く！」

着いた時には、もう人影はなかった。

「へいき、へいき。このせんせいがついているんだから。もう一度戸締まりをよくみて、おやすみなさいいね」

後で考えると、何人の寮生が、「わたしがいるから大丈夫」と思っただろう、と、おかしくなる。

耳が猫のようにとんがって、どんな小さな音にまで反応する。

「しっかりしなければ。この六〇人の子どもたちを守らなければならない。頼る人なんかいないんだよ。ヒトリでやらなければならないんだよ。早く、一刻も早く、朝になって」

わたしは、呪文のように、こんなことをくりかえしつぶやいていた。

その日から始まった痴漢さまのいたずら。洗濯して干しておいたパンティが盗まれる、シュミーズがなくなる。朝になって庭をみると、ヌード写真など、いかがわしい印刷物が一面に投げこまれている。雨戸を「トントン」と叩いた。逃げていく後ろ姿をみせる。相手も考えられるだけの「いたずら、いやがらせ」をくりかえす。

こちらも負けてはいない。防犯ベルをつけてもらう。夜は交替で見張る。会社の男性に泊まりこんでもらう。お巡りさんにパトロールをしてもらう。下着は、いっさい外に干さない。塀に鉄条網を張った。入口を頑丈に作りなおす。庭に電灯をつける。夕方から夜の外出を制限する、など、あらゆる手を打った。

だが、痴漢は一人なのか、二人なのか、次から次へと、こりずにいたずらを仕掛けてくる。

夜中、それらしい人物が庭にいるというので、防犯ベルを鳴らし、近所の人たちも寝巻き姿で、バケツを叩いて応援してくださったが、捕まえることはできなかった。

それでも、一週間も経つと種《たね》が切れてきたらしく、だいぶ下火になった。寮生も疲れていた。泊まり込んでもらっていた男の人も。わたしも疲れてはいた。だが、やはりいちばん緊張していたらしい。夜中にパトロールに来てくれたお巡りさんを痴漢と間違えて、こわさにふるえながら窓をのりこえ、追いかけたという笑えない一幕もあった。

この事件からだった。毎晩、明日まで、どうぞ無事でありますようにと、神など信じたことのないわたしが、手を合わせるようになったのは。

その後？　もちろん、いやがらせは続いた。が、わたしをはじめ寮生たちは動じなくなった。まあ、平たく言えば、「馴れっこ」になったということだろうか。

女子寮は、そういうマニアにとっては、いちばんの鴨《かも》らしい。他の寮でも「ヤラレタ」と頭をかかえていた。

みんなで泣いちゃった（若葉寮教室）

国語の時間に「おかあさん」という題で作文を書かせた。

おかあさん、かあちゃん、かあさん、おっかあ、が恋しいんだろうな、いつでも頭のなかに、その顔があるのだろう。いつもと違い、早いピッチでどんどん書きすすめている。
二、三の子に読んでもらおうと、指名する。ひとりが立って読みはじめた。自分がここに就職すると決まったときの母の様子を書いている。いつもは泣いたこともない母が、ときどき物かげでこっそり泣いている。
「どうして、かあちゃんは近ごろ、泣いてばかりいるの」と聞いたら、「おまえが、かあちゃんを泣かすのだ」と言って、母はまた大粒の涙をこぼした、と、そこまではなんとか読めたが、あとが読めない。椅子にドカッと座り、うつぶしてしまった。

びっくりし、一瞬、迷ったが、続けてわたしが読みはじめた。

「せんせい！　もう読まないで」

何人かの声が、そう叫んだ、とたん、教室のすみずみから泣き声がもれだし、とうとう八五人全員が泣きだしてしまった。

「おかあさんを思い出してしまったのね。いいわ、きょうは泣きなさい。でもひとつだけ、せんせいと約束して。この授業が終わったら、おかあさんに手紙を書いてね」

やっと出た言葉もしどろもどろ。何も言えない、また言うこともないだろう。今日は泣かせてやろう。

一五歳、まだまだ母の側にいたい年齢だ。わたしが、この子たちと同じ年ごろ、「ただいま」と帰宅しても、母の姿がないと、理由もなしにプンプン、頬をふくらませていたものだ。

かあちゃんに会いたいんだろうなあ。

外泊から（中丸子寮）

門限は午後一〇時。もう一時間が過ぎているのに、道子が帰ってこない。「伯母の家」にとの外泊届は出ている。調べてみると、ここのところ、休日には毎週、外泊している。男女関係に疎いわたしにだって想像ができる。きっと彼氏と一緒なのだろう。伯母さんの家の電話は隣の家の取り次になっているので、この時間は遠慮すべきだ。

同じ部屋の仲の良い子に、それとなく聞いてみる。

「道ちゃん、まだよね。どうしたのかな。彼氏と、どこか遠くに遊びに行っちゃったのかな。彼氏って、どんな人、知ってる？」

「知らない。せんせい、そんなふうに決めつけちゃあ、いけないと思うよ。伯母さんの家に行くって言ったんだもの。そのうち、帰ってくると思います」

あくまでも友人を弁護。かえって叱られちゃった。

何回も玄関をあけては、門の外をみるが、人影はない。そのうち一二時、この時点で、明日まで待とうと決める。

少しは寝たかな、と思う間もなく朝になり、みんな起きだした。早い順から洗濯をはじめたらしい、洗濯槽に洗濯板が触れる音がする。設備が十分でないので、順番待ちだが、農家出身の彼女たちは早起きだ。

出勤時間の一〇分前になった。一部屋ごとに「おはよう」と声をかける。答える彼女たちの顔色をみながら、「元気、元気、大丈夫」と確認していく。二階の二〇号室を出たときだった。

玄関のドアが開いたような気がして、急いで降りる。疲れきった感じの道子が座っていた。

「おかえり、どうしたの。具合、悪いの。顔色が悪いよ」

同室の寮生を呼び、布団を敷いてもらい寝かせた。

「お腹が痛い」

つぶやくように言う。

このときは、「どうして無断外泊したの」などの言葉は忘れてしまっていた。ただ道子のからだが心配だった。

「あとで、お医者さんに往診してもらおうね」

目を閉じていた彼女は、この言葉ではじめてわたしをまともに見た。

「せんせい、大丈夫。お医者さんなんか呼ばないで。もう、ずいぶん楽になったから」

「そう、わかった。とにかく、ひと眠りしなさい」

会社に道子の欠勤を連絡。若葉寮へもわたしの遅刻の旨、電話する。

しばらくして、部屋をのぞく。ぐっすりと眠っている様子。朝ごはんも食べていないのだろう、おかゆでも作ってやろうと台所に入る。ちょうどヘルパーの原さんが出勤、おかゆづくりはベテランにバトンタッチ。

ホッと一息ついたときだった。玄関のブザーが、短い間隔で鳴りつづける。「ハーイ」と出たわたしのからだに、大きい男性のからだが倒れかかってきた。

「どなたですか。えっ、あなた、どうしたの」

目の焦点が合っていない、顔は蒼白。

「くすり、飲んだ、すみません」

言うなり、わたしに抱きついた感じで動かなくなってしまった。大きな男性である。どうしたらいいんだろう、どうしたら。見かけたことのある男子寮の寮生だ。早く、医者へ、救急車、だめ、会社名が出てしまう。どうしたらいいのだろう。そうだ。

「原さん、会社に電話して、寮務係の人に大至急、来てもらってください」

車で駆けつけた鈴木さんと二人で、近くの医院に運びこむ。会社から鈴木さんがくるまで、わたしたちは抱きあったまま玄関のあがりがまちに、倒れていたのだ。

睡眠薬を大量に飲んでいると言う。すぐ胃洗浄が始まった。

「あーっ、うーっ」

耳をおおいたくなるような苦しそうな声を出し、あばれる彼の手足を押さえる役割をわたしたちにも与えられた。

一命は取りとめた。

道子の恋人だった。こんな騒ぎも知らずに眠っていた彼女は、昨日、妊娠した子どもを堕ろしてきたとのことだった。

いろいろな事情があったらしいが、彼は責任を感じ、薬を飲んだ。一年近くのおつきあいがあったという。この寮の近くに男子寮が二つある。彼たちも二交替で勤務していた。そこから、いくつかのカップルが生まれていったのは、自然な成り行きだと思う。

その後、道子は元気をとりもどし職場にも復帰したが、彼とは別れたと言う。だが、未練があるのか、ときどき行方不明になる。そのたびに、職員一同が列をつくって、近くの多摩川べりの一掃をやる。こんなことが度重なり、もしものことがあったら、ということで、会社は道子を親元に帰すことを決めた。

迎えにきた母親と共に、笑顔もなく、うつむいたまま、ふるさと岩手に帰る道子を、わたしは、しっかりと抱きしめた。

「ごめんね。せんせいの力が及ばなかった。元気でがんばるのよ」

と念じながら。

嵐のあと（中丸子寮）

天気予報通りだった。昨夜の雨、風はひどかった。

「せんせい、雨戸が庭に落ちちゃった」

午前一時をまわったころ、寮生のひとりが飛びこんできた。

雨合羽を着て、落ちた雨戸を持ちあげる。四人の寮生は部屋のなかから手をのばし引きあげ、力をあわせて敷居の上に乗せた。

「はまった？」

「もとどおりになったよ。雨にぬれて、せんせい、風邪、ひかないかな」

「わたし、頑丈だから大丈夫よ。心配しないでおやすみ」

と四人に答えながら、こんなことでよかった。あとは無事かな、と案じながら四時ごろ寝入った。当時、分散寮は八畳の部屋に四人、若葉寮は一二畳に六人、と一人分が二畳だった。二階からも、一階からも音がする。ふっと、枕元の時計をみて「しまった、寝坊した」と飛び起きる。

寮生は「行ってまいります」と次々に出勤していく。今朝は、昨日の荒れ模様を忘れたくらい、よい天気である。

今日は「休み」はなし。昨夜のこともあり、二階から一部屋ずつ確かめ、庭も見回る。門の側の樹が一本、折れている。やはり、ひどい暴風雨だったのだ。

「おはようございます。昨夜の風雨の被害はありましたか」

あーっ、寮務係の鈴木さんの声だ。玄関には入らず、寮の周囲を点検している様子である。「雨戸が一枚、はずれたくらいですみました。すぐに駆けつけてくださってありがとうございます。」

「いや、これも仕事のうちですから」と鈴木さん。

「お茶を一服、いかがですか」

「いやあ、ありがとうございます。今回は遠慮しておきます。また斎藤さんが嫌味を言われると困るし、ほかの寮の見回りにも行かなければならないので——」

そう、無理には引きとめられない。分散寮はたくさんあるんだから。

「鈴木さんと滝口さんは、なにかあると、最初に斎藤さんの寮に駆けつけるんだから」と言われてもいるからだ。

滝口さんは妻帯者だが、「ぼくが若かったら、斎藤さんをお嫁さんにしているのに」と、口ぐせのように言いながら、何かと世話をしてくださる。

そんなとき、鈴木さんはひとり者だが、またか、という顔で笑っている。

「ありがとうございました。引きつぎの原さんが見えたので、わたしは若葉寮にでかけます」

大きな声で宣言し、自転車に乗る。走りはじめたら「ぼくも若葉寮に行くんだ」と、鈴木さんが自転車で追いかけてきた。

「途中で一緒になったって言ってくださいね、鈴木さん！」

私は大きな声で、ふり向きながら叫んだ。

せんせい、わたし悲しい（中丸子寮）

「カコちゃん、どうしたの。どこに行っていたの。そんなにずぶぬれになって――。門限がすぎても帰らないし、心配していたのよ」

頭の先から靴のなかまでぐっしょり。全身すっかり水びたし。黒くぬれた長い髪のなかから、うるんだような瞳がわたしをみつめる。

「せんせい、わたしね、死んじゃえばいいと思ったの――。雨にぬれて、風邪ひいて――」

うるんだ瞳が涙をこぼす。

「ばかなことを。いったい、どうしたの」

「せんせい、あの人と別れたの。別れちゃったのよ」

「どうして?」

「けんかしたの。あたしね、あの人が好きだったの。だからけんかして別れたの――」

「そして、カコちゃんは雨のなかを歩いてきたの。いったい何時間、どこを歩いていたの」

「四時半から一一時まで。どこを歩いたのか覚えていない」

「よく帰ってきてくれたわね。さあ、さあ、早く着ているものをぬいで、タオルでよくふいて、パジャマに着換えないと、ほんとうに死んじゃうんだから」

「せんせい、わたし、悲しい」

まだお化粧も知らない若い頬を、涙が玉になって流れている。

「ああ、悲しかったら泣きなさい。もっと大きい声を出して泣いてもいいわよ。廊下を走りながら泣いたって、今日は許すわ。泣いて、あんな人、涙の川に流してしまいなさいよ」

わたしは最後には、おどけて話しかける。突きはなし、自分で立ち直らせなければ、この子は前に進めない。

悲しいんだろう。抱きあっていっしょに泣いてあげたい。もっとあたたかく慰めてやりたいと、舎監を離れたわたしは考える。

カコちゃん、ひどいせんせいだけど許してね。

ハイヒール（中丸子寮）

寮に帰るのが、いやだった。

いつまでも、だれもいない、だれにも見られていない星空の下を歩きたかった。

六〇人の目、一二〇の瞳が光っているところに入って、それにこたえ、光りすぎる瞳をおさえ、にぶい光の瞳に「もっと光を」と教えるのが、いやになった。

すべての責任から解放されて、自分一人、倒れないように地面に立ってみたいと思う。頭の片はしから、何かがスーッと抜けて、手と足と、それから胸から、固いものが溶けてなくなって、いい気持ちだろうなあ。そのまま昇天してしまうような。

いやだ、いやだと歩調をゆるくして星空を眺めた。お星さんがうなずいているみたい。

でもやっぱり、わたしはあの小さい箱のいっぱいあるお家に帰って、たくさんの小さい箱を見守っていなければならないのだ。抱いてやりたいと思っても、するりと逃げる子や、抱いてあげたのに、わざと落っこちてしまう子、抱いてやると執拗に追ってくる子。抱かれようともしない子。そんな子を相手に小さい箱のなかで、ひとつの心はもみくちゃになるのだ。

人間である以上、耐えなければならないことなのだろうか。

ハイヒールをはいて、アスファルトの道をコツコツと歩いて、机の前に座って仕事をしてみたいなあ。その帰り、ガス栓のことなど心配しないで、人混みにもまれて、ウインドウショッピングをしてみたい。ボーイフレンドと冗談を言いながら歩いてみたい。

辞めたいんです（中丸子寮）

「もう、辞めたいんです。これ以上、勤めていたら、『さいとう　まさこ』という人間がなくなってしまいそうなんです」

就職をお世話いただいた出身大学の学生課の先生に宛てて、わたしは、とうとう、こんな手紙を書いてしまった。

今夜の手紙には力が入った。いつものようにペンが紙のうえを走らない。いちばん重要なところは箇条書きになってしまった。

（辞めたい理由）

一　公私ともに非常に束縛される。

二　動きのある職業でなく、また動こうとするには、制約が多い。

三　人との交際、社会との接触がごく狭く、進歩のない自分の歩みに恐れをいだく。

四　嘱託社員という不安定な身分が心配。結婚しても共働きができない。

五　入社して一年三ヵ月。「学校としては初めての採用だから、後輩のために、せめて一年間は勤務すること」と、いう学校側との約束の期限は過ぎた。

六　わたしは、身体をぶっつけて、思いきり仕事をしてみたい。そんな仕事を、もう一度だけ、探しあてたい。

こんな一方的な手紙、学生課の先生は読むのが、いやだろうなあ。明日の朝、投函するつもりでいたが、二、三日、のばそうか。

でも、やっぱり明朝、出そう。もう決心したんだから。

本採用になりました（中丸子寮）

「せんせい、おかげさまで本採用になりました。ありがとうございました。今後ともよろしくお願いいいたします」

わたしが、会社を去ろうと決心した日に、あいさつに来てくれた寮生たち。

この子たちの入社の日と、わたしの入社の日は、ほとんど同じだった。今日まで一年三ヵ月、いっしょに暮らしてしまった。

この寮（中丸子寮）の人たちは、若葉寮の寮生と違い、中学を卒業してすぐの採用でなく、他のところで少々の間、勤めてきての再就職組である。そのため年齢も二、三歳の開きがある。会社での身分も、はじめは臨時工（当時はこのように言っていた）として採用された。入社した当座、わたしの顔をみれば、「いつ本採用になれるのだろう。もう臨時工はいやだ」と、そればかりを言っていた。最大の悩みだったのだろう。

今日、望みが叶えられたのだ。どんなに嬉しいだろう。おめでとう。抱きあって喜んであげたいくらい。目に涙が浮いてくるのもいたしかたない。

「お家のかたに早く報告してね。いちばん喜んでくださるでしょう。これからも元気で頑張りましょうね」

　正座して頭を下げる子たちに、いつもと違って、わたしも正座して深く答礼する。ひとまわりもふたまわりも大きくなって歩いていくだろう。

「進みなさい。そして大きくなりなさい」

　この子たちに、わたしのあげられるものは全部、あげたかった。でもだめだった。努力だけはした。心の豊かな、うるおいのある人間にと思ったが、一年三ヵ月の間に、何を吸収しただろうか。悪いことも身についたかもしれない。人格形成のなかで影響があるのだとしたら恐ろしいことだ。

　わたしが分かった、たったひとつのことは、寮生を「愛せた」ということだ。とても、かわいいと思う。いくら怒っても決して憎めない。なお、かわいくなる。

　わたしと年齢の差があまりないこの子たちとは、よくけんかをした、つかみ合いもやったし、逃げる寮生を裸足で追いかけた、子どものようなわたしもあった。それでも親子のように、また睦みあえる。もし、この人たちと巡り会わなかったら、こんな「愛」を知らずに過ごしたであろう。

どの子の顔を思い浮かべてみても、かわいい。笑っている。いつまでもいっしょにいたいが、そうしているわけにもいかない。わたしという人間もやはり進まなければならない。進ませる責任が自分にあるのだ。これからどんな道があるのか、開けるのか、つぼまるのか。

窓辺に立って空を見上げる。星がきれい。一ヵ所に、ぶどうの房のように、いまにもこぼれてきそうな星の群れが輝いている。手を伸ばしてみた。落ちてきそうだった。が、落ちてきたのは涙だった。

みんなが幸せになれればいいんだ。わたしもみんなのなかのひとりになって。

おめでとう、そしてありがとう（中丸子寮）

成人になった人、本採用になった人のお祝い、新入寮生の歓迎会、プラス新年会をかねた大祝賀会。なんと八畳に四三人が座って始まった。

おにぎりを三つ、お菓子一袋、りんごとみかん一個ずつ。少ない予算ながらわたしたちにとっては豪華版なのである。

　おにぎりをむしゃむしゃ食べながら、成人になった二人に感想を聞く。

「うれしいのと、これで大人になったのかと、ちょっと寂しいのといっしょ」

「急に責任が重くなったみたい」

　にこにこと答えている、すくっと成長した寮生を見上げる。幸せな一生であって欲しいと願う。

　臨時工から本工になった一五人の子たちは、みんなの祝福を受けて、嬉しそう。

　新入寮生と在寮生との自己紹介。自分の短所と長所を言ってもらう。この年齢になると「自分」をしっかりとわきまえているようだ。「気が短いほうだ」という子が多い。わたしに似てしまったのかしら。悪いことは似ないでほしい。

　おにぎりを食べ、あめをなめ、みかんを食べて、歌ったり、笑ったり、踊ったり、集会室は廊下を占領して楽しい一夜になった。よかった。

　わたしは舎監室に帰り、紙に、「おめでとう」「ありがとう」と筆で書き散らしてみた。

やはり続けます

再びスタートラインに

係長に「辞めたいんです」と意志表示をしておいたのに、中丸子寮から、六〇〇名収容の若葉寮の専任辞令が出た。

「困っちゃったなあ。わたしは辞めるのよ。どうして、そんな人間を異動させるのよ」怒ってみたり。「ここを出ていくな、という神様のお告げかなあ。いっそ運命の糸にぶらさがってみようか」

とうとう運命論まで持ち出して、考えこんだ。

夜明けまで考えて、ようやく母に手紙を書く。

お母さん、こんど若葉寮に行くことになりました。二五日に引っ越しになる予定です。辞めると決めた矢先のことで迷いました。会社からは、教育関係、図書、寮組織の改革のために行ってくれ、というよりは「行け」という命令です。今の中丸子寮の子たちとも、妹か、わが子のような関係になってきたのに離れるのは寂しいです。しかし、どうにもならないことです。見込まれて行くのだから、だまって行きなさい、と友人は言います。

いっしょに寝泊まりしていなかった今までの通いのときとは違うのです。今までいる舎監さんに対しては、お姑さんに仕えるようなものです。より自由は束縛されるでしょう。

それでも行きます。運命だと思い素直にしたがいます。やっと決心しました。行くからには、一生懸命やります。十分に仕事をして辞めることにいたします。今度、出ていくときは、お嫁さんとして（お母さん、これなら賛成ですか）。

ここを離れることはあきらめます。お母さんが用意してくださった「教員」への道も、途切れます。もまれても、ふみつけられても、頑張ってみます。お父さんによく言われるように、敗戦時の中国での逃避行のことを考えると、何にでも耐えられるはずです。

お父さんにもおはなししておいてください。

お父さん、お母さんにとっては、いい娘でなくて申し訳なく思います。少々ながら、まさここにも意図することがあります。将来にかけてやりたいことがあります。もう少し時間をください。

ええ、結婚だけはしたいと思います。だからお見合いしてますでしょう。これで二十数回、新記録樹立ですね。人ごとみたいにと、お母さんの怒り顔が見えます。でもこれだけは「赤い糸」と昔から結ばれている人に出会わないとダメみたい、です。

とにかく、しばらく現状維持、ごたごたするでしょうから家にもご無沙汰すると思います。いつも、がっかりさせる手紙で、すみません。そのうちぜひ、朗報を。


読めば読むほど変な手紙、というより宣誓書と詫び状である。自分の意志の確認なのであった。

母は「また、やってくれた──、こまった娘だ」と顔をしかめているだろう。もう一度、スタートラインに着いた気持ちでやってみよう。後悔するかもしれないし、泣きだすかもしれないが。

六〇〇対二〇〇（若葉寮）

早番を終わって、おばさんの家に外泊するという子といっしょに寮を出る。

六〇〇人もいると、担当外の寮生たちとは、あちらから話しかけてくれなければ、「おはよう」「暑いね」「具合、どうお」「今日のおかずはなんだった?」「おいしかった?」「おやすみ!」くらいの言葉しか交わせない。

こうして駅までいっしょに行くのも無駄にはできない、とケチくさい根性が出る。寮生とわたしとの間隔をせばめたい。ツーと言えば、カーと分かるようになりたい。努力はしているんだ。だまっている子には言葉をかけ、ムッとしている子に笑いかけ、疲れ果てて、「エガオ」も作れないときだって、無理に笑おうとしているんだ。

郷里の家の話などしていく。宮城県の松島の近くから来ている。

「遠いね——。お正月は

若葉寮（一寮）一部屋に六人

帰るの？」

「帰んない。寮にも友だちがたくさん残るし、親戚まわりをしているうち、休みも終わってしまうから」

「そうそう、東京見物のバス旅行も計画しているようよ。いっしょに行きましょうね」

近道だから会社のなかを通してもらおう、と守衛さんに「通らせてください。お願いします」とあいさつ。

わたしは、厚生課に電話連絡。今日は病気で帰郷していた寮生を上野駅まで迎えに行くのだ。その間、寮生は守衛さんとおしゃべりをしている。

「ごめんなさいね。お待ちどおさま」

そういうわたしに、その子は笑いかける。

「せんせい、守衛さんが、あのせんせいは、いちばん人気があるんだってねって言ってたよ」

「あら、守衛さん、わたしのことなど覚えているのかしら。いつも寮生になりすまして、『お願いします』って、自転車でスーッと通っていたのに」

「みんな、ちゃんと知っているのよ。せんせいは、ほんとうに、いいもん」

「へえ、どこがいいの。いつも大声あげて、どなってばかりいるのに。なにか、おごらないと――」

「アハハァ……」

二人で声を合わせて笑う。

ああ、よかった。この子とお友だちになれた。はじめの六〇〇対ゼロが、これで六〇〇対二〇〇くらいになったかな、と、よく晴れた青空を見上げる。

終戦記念日に

お母さん、今日は終戦記念日、八月一五日ですね。

お母さんは、また泣いておられますか。みっちゃんの作った、たった一つの形見の「ペッタ」をなでながら。

「お母さん、もう泣かないで」

こう思って、何年が過ぎただろう。

「まさこたちがいても、お母さんは泣くの？」

と、わたしは、お母さんをこまらせました。だが、大人になって分かってきたのです。生きているまさこたちがいるから、死んでいったみっちゃんたちを忘れる、ということができるものではないことを。二つはつながらないものだということを。

お母さん、みっちゃんたちのために、今日くらい泣いてあげてください。

わたしも、遠い旧満州のあの地を思いだしながらよびかけてみます。

「みっちゃん、仲ちゃん、クニちゃん、いさおちゃん」と。

「姉ちゃん」って、きっと答えてくれるはず。

生き残った、まさこ、まさる、朝子は、こんなに大きくなりました。みっちゃんだって生きていたら、二三歳、仲ちゃんは一九歳、双子のクニ子といさおは一六歳になっているのよ。

でも、そんな大きいみっちゃんたちは「姉ちゃん」とは呼んでくれない。小さい七つのみっちゃんが、大きい目に涙をいっぱいためて呼びかけてくれる、それしか考えられない。

みっちゃん、仲子たちをつれて、あの海をドンドン、ドンドン歩いてきてちょうだい。

そして、泣いているお母さんの腕のなかに抱かれてください。

それも、やっぱり無理なことかしら。

かわいそうなお母さん、まさこが側にいたら、涙をふいてあげるのに。

わたしたち一家は、太平洋戦争の敗戦を、旧満州（今の中国東北部）の奥地で迎えた。ソ連兵と現地人に襲われ、収容所生活一〇ヵ月間で、きょうだい四人が餓死する。七人きょうだいが三人になって、両親と共に、昭和二一年五月に、福島県の故郷へ引き揚げてきた。

門限やぶり（若葉寮）

時間になっても帰ってこなかった二人が、錠のかかっている門を、ひらり、と飛びこえて来た。

「門なんか飛びこえてくる人は、うちの寮生じゃないわね」

皮肉っぽく叱ってしまった。

「ごめんなさい」という寮生に、信じているのに、こんなことをされると悲しくなっちゃう。もう遅いから、早く寝なさい、と部屋に帰した。

困った子たちだけど、あんなに元気があるのも若いからだな、睡眠不足にならなければいいのだと二人の顔を思い描き、苦笑いしながら、床に就いた。ちなみに、彼女たちの勤務時間は、早番のときは、午前五時から午後一時一五分まで。遅番は午後一時一五分から午後九時一五分までになっている。

そんなことをすっかり忘れていた次の日の夜。入浴を済ませて、各所のカギを確かめて部屋に入ろうとしたら、廊下の隅で、昨夜の二人組がシクシク泣いている。

「どうしたの。けんかでもしたの。あした四時半に起きるのに、まだ寝なかったら、身体に毒でしょう」

「だってえ、きのうのことが気になって眠れないんです。ほんとうに悪いことをしてしまった、と思って――」とキミヨちゃん。

「一生懸命にあやまっているのに、せんせい、あんなこと言うんだもの――」とはノリちゃん。

「あなたたち、まだ、気にしていたの。きのうで分かってくれたんだと思って、わたしは、すっかり忘れていた」

「せんせいの気持ちが分かるから、なお悲しくて、きのうなんかちっとも眠れなかった。ほんとうにごめんなさい」

「そう、眠れなくって、今日のお仕事、つらかったでしょう。わたしの言いかたが悪かったのね、ごめんね。今夜はゆっくりおやすみ」

わたしは、むりやり二人を部屋に押しかえした。もう一一時になる。時計をみながら、あの子たちの気持ちが分からなかったのか、いや、分かってやる力がなかったのか、と自分を責めた。

あなたがたは、まだ小さかったのね。わたしと同じ心だと思って――。思いやりがなかった。自分だけを納得させて、あなたがたを自分の心のなかに入れてやらなかった。あんな注意のほうが、あなたたちを苦しめないですむと思ったの。やはり、そうではなかったのだ。

ごめんね、と何度もつぶやいていた。

消防自動車は救急車？（若葉寮）

大きい病院のエレベーターを降りる。たしか、六階だと聞いたけど――。すぐ前に集会室がある。そこに立っている小さい後ろ姿。あっ育ちゃんだ。元気そう、よかった。

「育ちゃん、どうお？」

そっと呼んでみる。

「あっ、せんせい！」

大声をあげて、とびついてきた。

「ごめんね。お見舞いがおそくなって」

「ううん、せんせいだって忙しいんだもん。でも――、待ってたの」

「悪い、悪い。元気そうで安心したわ。傷のほう、まだ痛い？」

「痛くない、あさって、退院してもいいって」

「そう、よかった。早く来ようと思ったんだけど、新しい寮に手伝いに行っていて、それで――」

「いいの、いいの。せんせい、お留守のこと、聞いていた。でも嬉しい。来てくださって」

「順調だったのね」

「でも、ひとばん、痛かったんだよ」

「泣いたぁ」

「どう思う？」

「さあね。かあちゃん、かあちゃんって泣いたかな」

「アハァハッハ。アッイタ、イタイ。まだ笑わせちゃだめ、痛いんだから」

「ごめん、ごめん。はい、これお見舞い」

「ありがとう、きれいなお花。うれしい！」

この子の病名は急性虫垂炎。いままで何十人を病院に運んだだろう。幸いに、みんな元気になって職場復帰をしてくれたが。

医師は、「たぶん、田舎と、ここの環境がまるで変わったので、それが原因だと思う」と言われるが、少女たちにとっては、そうとうなストレスになっているのだろう。

育子が苦しみだしたのは、真夜中だった。往診を呼べる時間でも、タクシーを呼べる時間でもない（当時、車を持っている人など、会社の同じ部内でも、一人か二人という時代）。万事休す、会社常設の消防自動車で病人を救急病院に運ぶことに決定。消防士ならぬ小柄なわたしが彼女を抱きかかえて、真っ赤な自動車に乗りこむ（後には、「エーッ」と笑い話のひとつになったが、その時は真剣）。

赤い点灯をピカピカさせて病院に横付け。連絡はしてあったが、迎えに出た医師も看護師も、目をみはっている。

午前二時だった。若い医師がてきぱきと診察してくれる。

「急性虫垂炎ですね。でも、注射で今晩は持たせられます。明朝、手術になります。患者さんはおあずかりいたしますから、どうぞ、お引きとりください」

完全看護の、この病院にいることはできない。

「せんせい──」

心細そうな育子の顔。

「だいじょうぶ。育ちゃんは強かったでしょ。わたしは、ここに泊まれないし、あしたの朝、早く来るからね。注射したら痛くなくなるし、手術だって、ちっともこわくない。わたしだって、育ちゃんより、もっと小さいときに手術したの。盲腸は病気に入らないと言うでしょう。しっかり頑張るのよ。できるだけ眠るように。さあ、目をつむって、寝ましょう。おやすみ」

おびえている育子の耳もとで、大丈夫、大丈夫、とくりかえし、真夜中の道を寮まで三〇分も歩いたっけ。

育ちゃんと約束した次の朝、早番の子をみなければならず、かわりの舎監に行ってもらった。そのまま新しくできた寮に泊まりこみで準備。「育ちゃん、順調よ」との報告で安心していたが、自転車を飛ばしてでも来るべきだったと後悔する。

彼女の病室には、お花がいっぱい。かわいらしいお人形さん、トランジスターラジオもならんでいる。

「職場の人たちが毎日、来てくれるの、笑わせるのよ。まだ痛いのに。寮の友だちも交替で来てくれて、お洗濯もしてくれるの」

「そう、そんなら寂しくなかったね。お母さんに手紙、書いた？」

「ううん、なおってから書く。心配させるとかわいそうだから」

「じゃあ、早く元気になって、お手紙が書けるようにならないと」

「うん」

こっくりとうなずいた顔が、とてもかわいい。いつもの作業服姿にはない美しさが、ネグリジェ姿の育子に感じられる。

よかった、よかった。これで、もう二週間ぐらい休養すれば、また元気にとびまわってくれるだろう。

育子の盲腸事件には、もうひとつの事件が加わった。が、ひそかに処理された。

ひとごとのようだが、今度はわたしが主人公である。

行くときは消防自動車に乗っていったが、帰りは、寮まで三〇分ほど歩かなければならない。真夜中の三時。気が強いはずだが、やはり恐い。

会社の工場内を通して貰うと近道になる。守衛さんに話して、オバケのように大きく見える工場の棟の間を歩く。守衛さんが護衛にひとりついてくださった。

「たいへんだね、舎監さんも」

「仕事ですから。守衛さんも、昼夜勤務だから大変ですよね」

適当に世間話もしていた。

もう五分ぐらいで寮に着くというときだった。いきなり、その彼が後ろから抱きついてきた。

「キャーッ」

どんなふうにして彼の手をふりほどいたのか、全速力で寮の玄関にとびこむ。

「どうしたの?」

「ウーン、ヤラレタァ」

からだの力が抜けてしまい、座りこんだまま、動けない。足元を見ると、裸足だった。

玄関で待っていた寮長の前でのこと、かくしようもなかった。いわゆる、くわしく事情聴取をされた。しかし、わたしにもスキがあった、学生時代から、よく男性に、つけられて、

「キョロキョロして田舎娘だって、すぐわかるんだよ。都会人らしく、毅然としていろ」

と先輩によく言われていた。

だから、わたしも悪い。今回のことは危害もなかったし、会社に報告しないでください、
とお願いして自室に戻った。

しかし次の日、彼は即刻、解雇されたことを知る。

「ごめんなさい。家庭持ちで、お子さんもいらっしゃるだろうに。次の仕事が、すぐ見つかるかしら。ごめんなさいね」

責めている自分がみじめで、救いようがなかった。

兄さんはおとなしかった（若葉寮）

「アニシス　スグ　コイ　ハハ」の電報に「ウソ、ウソダ――」と、泣きながら帰郷した子が、死亡診断書を持って帰ってきた。

「せんせい、この字、なんと読むの？」

と、指し示す診断書の病名は「縊死《いし》」。すぐに答えようとしたが、言葉が出ない。

「お兄さんは自殺だったのね」

「うん」

寮生は目をおとす。

「部屋のお友だちに話したの」

「ううん、みんな聞こうとしない。そっとしておいてくれる」

「つらいねえ、でも、がんばらないと」

そっと肩を抱く。こんなことしか、わたしにはできない。

「職場との連絡は、わたしがやるから……、あんまり落ちこまないようにしようね」

「はい」

うつむいて涙ぐんでいる。

ポツンポツンと話すことを聞いていけば、お兄さんは厭世自殺らしい。

寮生、八重子と、亡くなった兄さんは東京生まれ。太平洋戦争の東京大空襲のとき焼け出され、父親の実家、山形の小さい村に帰った。伯父一家のもとに身を寄せ、家族四人は木小屋（薪にする木を入れておく小屋）に住む。

父はもと軍人だった。終戦後は商売をはじめたが、愛人をつくって別居するようになる。

母は、山形に行ってから生まれた二人の弟を加えた四人の子どもたちのため、手間仕事に精を出す。

兄さんは高校を卒業したが、口うるさい世間では、別居中の父親を持つ息子を、まともには雇ってくれなかった。新しく家をつくる人が多くなるという将来性を見込んで、トビ職に弟子入りした。

漬けものとご飯だけの食事、小遣いも十分に貰えない。母からは窮状を訴え、少しでも融通してもらえまいかと言ってくる。そんなとき、妹の八重子が送金してやっていた。

兄は自分の力の及ばないことを知った。相談する人もなく、いちばん安易な死の道を選んだ。

「兄はねえ、おとなしくて、けんかすると泣いてくる子なのよ。そうするとわたしね、棒持って、兄をいじめたって、その子をひっぱたきに行くの。兄とは三つ違い。たたかれても、ぶたれても泣かないわたしと、かわって生まれてくればよかったのに。ちょうど二〇歳だった。月にたった五〇〇円の小遣いもらって、はじめて、煙草一箱、買ったのね。一本だけ吸って死んじゃった」

「お母さんだけ置いてきて、心配だわね。大丈夫かな」

わたしの問いに八重子は、うつむいたまま言葉をつないだ。

「母は、もう気が狂った状態だった。村では川原で木を組んで、そのうえにのせて焼くの。体格もよかったし、健康な人が突然、ということだから、次の日の朝になっても焼けなかった。その間の母をみるのはつらくて、一緒に泣いて、背中、さすってやっていた。こんな母を置いてくるのは心配だったけど、わたしも会社に行かなければならない、って、帰ってきたの」

「ごめんね。つらいことを聞いちゃって。今日は部屋で休んでいるといいわ。食事は、わたしが持っていくから」

「はい」と言って、わたしを見上げた八重子の目は、きりっと、光っていた。

この子は、きっと生きていく、どんなことがあっても負けないだろう、と、そのとき、わたしは確信したのだった。

おさえて、おさえて

人気のない夜の多摩川べりを、思いっきり自転車を走らせる。

わたしの口は絶えず動き、走っている自分に言い聞かせている。

「いいじゃないの、なんと言われたって。まさこは寮生のためにしているんだよ。やったことが認められなくとも、他の舎監の人たちにつきあげられたってそんなこと、問題じゃないんだよ。たくさんの寮生の心のなかに残る、それで十分なはず。まさこ、腹を立ててはいけない。怒った顔をしてはいけないよ」

秋の夜風は伴奏をつけてくれるかのようにわたしの耳にビュンビュンと吹き込んでくる。今日は一三日の金曜日。事故っちゃっても困る。スピードを出すのはやめよう。そして、みんながいる寮に帰ろう。


日誌をつけながら考えた。今日はどうしてこんなに荒れたんだろう、と。

昨日、給料をもらった。トランジスターラジオの月賦を引かれて、「一万一六〇〇円」。いつもの月と同じなのだが、お金の額をみたら怒りが込みあげてきた。身をすりへらして、昼夜なしに働いて、たったこれだけの報酬。断続的に仕事があり、休憩時間もない。自分の時間などおよそない。そんな毎日が続いているのだ。

寝られる時間になって、布団に横になるとき、思わずうなってしまう。からだも心もくたくただ。

こんなだから、いくらかたくさんお金をください、とは言わない。そんな狭い心で、この仕事はできないことはわかっている。

せめて、交替制勤務に対する手当てと、一時間でもいい、残業手当てを与えよ、と叫びたい。だが、この要求をどこに持っていき、誰に聞いてもらったらいいのか分からない。

こうして紙には書くが、お金に関することは、人には言えない。父がよく言う「会津魂」で育てられたからかな。武士は食わねど高楊子。

おさらい帳（若葉寮）

ようやく自分の時間になった。自室に入り、ホッとして広げた夕刊の「見出し」に、心臓がドキンとする。

「若い母親　あと追い自殺！」

――やっと一九歳になったばかりの母親が、ちょっとした不注意で乳飲み子を窒息死させてしまった。

母親は傷心のあまり、団地の五階から飛び降り自殺を図る。偶然にも、彼女の夫が下にいて、抱きとめた。二人とも少々の負傷はしたが、命に別状はなかった。しかし、母親は一〇日後、再び同じ場所から飛び降り、今回は命を落としてしまった――。

「えっ、まさか、和子ちゃん？　では、な・い・わ・よ・ね」

口びるがふるえる。氏名、住所ともに間違いない。もと寮生である。

「どうしてえ、どうして死んでしまったのよ。死ぬなんてヒキョウよ」

わたしは夕刊をにぎりしめて叫んでいた。

五日ほど前、南部沿線に所在する病院に、仲の良かった寮生三人とお見舞いに行ってきたばかりだった。

「いま、和子ちゃんが努力することは元気になること。それが、みんなを幸せにすることだと思うなあ。もう大丈夫よね」

選びながらの言葉に、包帯で巻かれた顔面のなかの瞳が、「うん、うん」とうなずいてくれていた。

「和ちゃん、きれいなお花でしょう。この花ね、ほら、寮の裏の空き地に咲いた花よ」

「元気になって、また寮に遊びにきてね」

仲間たちは、布団のうえから、そっと身体に手をそえて励ましていた。つい、五日前のことである、信じられない。

「ウソッ、死んだなんてウソよね」。あの日の和子の姿を思い浮かべ、どこにもぶつけようのない思いを、声に出すしかなかった。

彼女は中途採用者である。集団就職で紡績会社に入社したが、「電気関係の仕事をやりたい」という理由で、一年後に転職してきた。青森県出身で、赤いセーターがよく似合う色白の美人。おしゃれで、おすましやさん、だが一五歳組より年上でもあり、みんなの面倒をよくみていた。

廊下を歩くというより、跳んで動いているわたしを、「せんせいっ」と後ろから呼びとめる。ふりむくと、赤いセーターの彼女が、「これ、できました。みてください」と英語のおさらい帳を差し出す。

和子の勉強は、恋人のためだった。相手は会社の研究所に籍をおく技術者である。

「結婚の条件はね。海外出張が多いから、英語を覚えることなの」

そう言う彼女に、わたしの英語力などでは間に合わないだろうが、と思いながらも、ワークブックを中心に、少々のお手伝いをしていた。

英語力もついたのだろうか？　間もなく、ゴールイン。ままごとのような新婚生活をはじめ、赤ちゃん誕生。わたしは、なんだか孫を持ったようにハシャイでいた。

「なのに、どうして、こんなことに」事故のあと、立ち直れなかったのかなあ。

わたしのひとりごとは続く。

「亡くなってしまったあなたに、こんなことを言いたくもないし、言っても仕方がないんだけど、あなたの結婚は、やっぱり大変だったんじゃないかな。わたしは応援したわね。大学出の彼のために勉強するあなたを、ガンバレ、ガンバレって。でもね、今になってみると、あんなこと言わないほうがよかったかな、と思ったりするの。和子ちゃんは、彼のどこが好きだったの。学歴などの付属品を全部とり除いた、彼自身が好きだったのでしょう」

話しかけながら、結婚後、寮をたずねてきてくれたときの会話を思いだした。

「主人は、『朝日ジャーナル』しか読まないのよ」

「うちの主人は『中村屋』のパンでないと食べないの」

「あら、髪の毛が落ちている。ここに捨てていい？　手を洗わせてね。石鹸は？」

「あんなに、きれい好きだったかな」と思いながら聞いていたが――。たしかに育ってきた二人の環境は大きく違っていた、と思う。彼は研究者で机に向かうことも多かっただろう。そんなとき彼女は何をしていたのだろうか。

一九歳、まだまだ遊びたいさかり、だれかが側にいてほしい時期だったろう。もう少し、あなたが年齢を重ねていたら。

「あなたを失った、ということで、知りもしない結婚生活まで考えてしまう、バカなせんせいね。でもくやしいの、自分で命を断ったことが。ほっぺたを叩いてやっても足りないくらい。もう二度と、『せんせいっ』と呼びとめてはくれないのね。和子ちゃん、もう言わない、叱らない。いいよ、赤ちゃんといっしょに静かにねんねしてちょうだい」

語りかけると、彼女が、ウン、ウンと返事をしてくれているようで、その夜は「ねむる」ことを忘れてしまっていた。

芽は伸ばしてあげたい（若葉寮）

「せんせい、入ってもいいですか」

小さい、控えめな声がドアの外から聞こえる。

「いいわよ。どうぞ――」

「忙しいところを悪いんですけど、また、教えてください」

「はい、はい。そんなに遠慮されると困っちゃうなあ。わたしは自分が解るところしか教えられないんだから……」

わたしの前に広げられたのは、都立高校の通信教育のレポート。昔の教科書を引っ張りだしたり、辞書をひっくりかえしたり、苦心惨憺するが、それでもなんとか手伝いはできる。

若葉寮には、こんなふうにして勉強している寮生が、わたしの知っている限りでも五人はいる。日曜日になると、五時ごろから起きだしてスクーリングに出かけている。もう二年生くらいになっているはずだ。

「えらい、えらい。ごくろうさん」

そんな気持ちで、送り出していた。

「わたしね。大学も出ようと思っているの。そして先生になりたいんだ」

「四年間の大学生活を送るのに必要なだけ、お金を貯めるの。そして貯まったら、この会社は辞める」

「わたしはお医者さんになりたい。ほかの人の倍の時間がかかるかもしれない。それでも挑戦したい」

こんなことを、わたしにそっと眩いてくれる。この子たちは、会社に長くとどまろうとはしていない。むしろ会社で働くのを手段に、階段にしている。会社にとっては損失だろう。わたしは、その階段を足がかりにして上に進めと言う。また進めるようかげで努めてやってもいる。

舎監としての勤め外のことである。これは自覚している。それでも、勉強しろ、一生懸命やれ、ここを抜け出して、どんどんのぼって行け、と応援する。このことは、舎監としての勤めでなくて「わたし」という人間の勤めなのだと思う。

この子たちのやりたいことは、それが可能なことであれば、やらせてみたいし、やらせなければならないことだ。たとえ失敗しても何かをつかんでくれるだろう。

彼女たちは若い。伸びていく芽を無理に摘んでしまってはならない。肥料や水はやれなくとも、せめて暖かい日光をたっぷりと浴びさせたい。

日かげになる高い建物があったとしても、どこかに日光の入るすきまはあるはずだから。

今夜は門限なし（若葉寮）

夕方からだったが自由時間をもらった。何時に帰ってもいいって――。

「そうだ、読みたい本があった。自由ヶ丘の本屋に行こう」

久し振りに電車に乗った。

自由ヶ丘の街のネオンはまぶしい。まず、駅側の縦に長いマーケットに入る。そこには、食料品から嗜好品まで何でもある。買う気もないのに、目についたものを手にとり、じっと見入る。「光っている、きれい、かわいい」。そのときは二〇代の娘になっていた。買ったものは、三色編みこみの手袋だけ。

本屋にも入り、探したが、「たずね本」はなし。いま話題になっている本をパラパラッと立ち読みして、「わたしも小説が書きたいな」など、大それたことを考える。と同時に「なに言ってるの。文字とのかかわりのないことやってるのに」と、自分をなじる。

ふっと時計をみる。午後九時三〇分。やっぱり帰ろうと駅構内に入る、横浜方面行きのホームに立った。

何人もの人影のなかに、鈴木さんの姿が目に入った。

「あら、鈴木さん、ノリちゃんも一緒?　めずらしいわね。こんなところで出会うなんて」

「帰りにノリちゃんと会ったので、自由ヶ丘でおいしいコーヒーを飲んできたんだよ」

「あら、よかったわね。おいしかった?　そう言えばわたし、ごはん食べるの忘れていた――。おかげで思い出しました」

鈴木さんの側でにこにこしている、のりちゃんにおどけて話しかけた。

のりちゃんは、中途採用で、たしか二〇歳ぐらいかな。日勤者で新城駅近くの分散寮に住んでいる。もと、私の受け持った寮に住んでいたことがある。

「自由ヶ丘になにをしにきたの。ごはん食べるの忘れるなんて――」と鈴木さん。

「今夜は門限なし、と言われて出てきたんだけれど、やっぱり時間が気になって、帰ろうと思ってここに来たら、ぱったりお会いしたというわけ」

のりちゃんが腕時計を何回も見ているのに気付き、「そう言えば、もう電車に乗らないと門限におくれるわね。杉山先生、きびしいから。一緒に帰りましょう」と、彼女の手をとった。

「のりちゃんは門限があるから帰らなければならないけれど、斎藤さんは今夜はフリーと言ったろう。斎藤せんせいのことはぼくが引き受けるから、のりちゃん、ひとりで帰れるね」

鈴木さんが二人に対して答えを出したとき、電車が来て、のりちゃんは帰っていった。逆もどりして、再びネオン輝く街に出て、ギョウザを食べて、お酒も飲んで、ほろよい気分で若葉寮に帰った。午後一一時四五分だった。

——あとで知ったことだが、鈴木さんは、あのときノリちゃんとデイト中だったとのこと——

空の青さ（若葉寮）

「おそうじを見にきました」

言いながら、少しおどけてみせるわたし。

ほんとうのわたしではない。

五階のお姉さんたちに掃除の点検にきた、という特権意識のようなものを感じさせないための、一つのテクニックなのだ。

わたしは、この子たちと溶け合いたい、ほんとうの自分の姿をさらけ出しても、理解できるようになりたい。が、すぐできることではない。こんな「ワザ」を使う自分を卑下しながらも、進歩するため、と納得させている、いやな「まさこ」。

「ごくろうさま」と笑顔で言って、ドアを閉めたとたん、笑顔は消えていく。その顔で、廊下の窓から、青い澄みきった空を見上げ、五階は空にいちばん近いんだな、と深呼吸をする。

四階のオチビさんたちの部屋

「コラコラ、お行儀が悪いわよ。おそうじ、できたの？」と入っていける気安さ。

この子たちとは、入寮のときからの「おなじみ」。故郷から集団でワアーッと上京し、どんなところで、どんな人たちと暮らし、どんな仕事をするのだろうと、不安いっぱいの一五歳の少女たち。大勢のこの少女たちを、安全に、無事に職場に送られる環境をつくってあげられるのだろうか、との舎監の不安とぶつかりあいをしながら、ここまで来た間柄である。

「せんせい、餅、食べてけ」

「これくれる（あげる）、おいしいんだよ」

黄色いみかんと、あったかい餅が（スチームの上に乗せてやわらかくしたそうだ）両手に載る。

「ごちそうさま」と言ってドアを閉めて出てくるわたしの笑顔は、急には消えない。

窓から見える青空も、空からはちょっと遠くなったはずだけど青さが違う。きれいだ。

警察署（若葉寮）

もう朝だった。大きいお風呂にとびこんだ。まだ、ぬるいというほどではない。昨夜は、ここで何百人という寮生が、おしゃべりをしながら石けんの泡をたてていたのだろう。その子たちは、まだ眠っている。大きい建物が静かまりかえっているのは気味の悪いものだ。

今夜は疲れた。とうとう徹夜をしてしまった。あの子たち二人も疲れ果てただろう。そして杉山舎監も、課長も。

警察署の玄関で寮に帰る自動車を待つ間、あの子たちは、わたしのひざの上に頭をおいて眠っていた。大きいからだの二人が、小さいわたしのひざにつっぷしたようにして寝こんでいる。

「まだかわいい寝顔なのに。一六歳、大人なのかな。男の友だちがほしかったの。もう少しであぶなかったんだよ。おバカさんだね」

二人のホッペタを、ちょっとつついてみた。


昨夜、門限から一時間が過ぎても、帰らない二人があった。連絡もない。心配していたら、一人だけ、フラフラの状態で帰ってきた。お酒でも飲んだのかと思ったが、様子がおかしいので、自室につれていき、とにかく寝かせた。

友だちが敷いておいてくれた布団に、倒れこむように何も聞きだせないまま寝込んでしまった子をみて、お医者さんに診てもらおうと、事務所に戻ったところへ電話のベルが鳴った。

「こちらは○○警察署ですが、お宅の寮生だというA子を保護しております。A子の友だちのB子は帰寮しておりますでしょうか。もし帰寮しておりましたら、その子を連れて、すぐおいでください」

B子とは、いま寝かせてきた子。さて、何があったのか。「事情は、おいでになったらお話しいたします」という。とにかくB子を起こして自動車にのせ、杉山舎監と二人で○○署に行く。

想像もしなかったが、二人は誘拐されたのだった。

二人は多摩川べりを歩いていた。そこへ車に乗った若い男性が声をかけた（このころ、乗用車を持つ若者は少なく、女性にとっては憧れの的だった）。いそいそと乗った二人が思いやられる。車は彼等の下宿へ。そこで睡眠薬入りのコーヒーを飲まされる。「ヘンだ」と気づいたのはA子。窓から逃げ出し警察にとびこんだ。男たちはすぐに現行犯逮捕。B子は、そのドサクサにいなくなってしまったという成り行きだった。

わたしたちも驚いたが、まあ、それだけのことでよかった、と救いを感じる。二人とも大柄な、いわゆるグラマーな感じの子だった。腰の形のはっきり出るピチッとしたタイトスカートにノースリーブ姿だった（今なら普通なのだろうが、当時にしては、ちょっと露出過剰である）。

長い時間、椅子に座らされて調書をとられた。同じことを何回も問われ、返事をし、調書は作られていく。しょんぼりと答えているA子とB子を、わたしたちは後ろの椅子に座って待った。

ようやく終わった。責任者に来てもらい、二人を引き渡すということで、わたしがパトカーに乗り込んで、課長を自宅まで迎えに行った。真夜中の三時である。パトカーには、ひっきりなしに諸々の連絡が無線放送で入ってくる。聞いていながら、警察の方々もたいへんだなあ、と思う。

夜中にパトカーで起こされた課長も驚いておられたが、ようやく寮生を連れて帰れることになった。すでに夜は明けはじめている。

帰ろうと玄関に出たときだった。緑ケ丘の踏切近くでタクシーの運転手が殺された、ということで、ものの五分と経たないうち、警察官が集合してきて、ピストルを腰につけ、黒板に書かれた現場に目をくれ、風のように出動していく。

わたしは目をみはってこの様子をみていた。たった一晩、警察署というところにいたのだが、いろいろなことを学んだ。

ぬるい上がり湯でザブザブと顔を洗いながらのひとりごと。

「A子ちゃん、B子ちゃん、これでこりたでしょう。世間はそんなに甘いものではない。そんなに楽しいことが、転がってはいないのよ」

あの子たち、布団のなかでぐっすり寝ているかな。

いやなんです

自分の横に座った人をじっとみる。

「この人と結婚する？　いやだ。ああ、いやだ」

と思う。

わたしと一緒に暮らす人は、まだ、どこかにいるような気がする。どこが悪いというのではなく、いやなんだ。映画を観たり、散歩する、そこまでならいい。でも、共に暮らすのはいやだ。やっぱり、この人とはいやなんです。

人は、わたしを「わがまま娘」と言うだろう。でも、これぱっかりは駄目なのです。こうして、「いや、いや」と書いているわたしは、正直者じゃないんだ。どんなに見合いをしても結婚できない理由は分かっている。「手をにぎったこともないが、あの人が忘れられないから」。

そうなのだが、忘れるためにも見合いをしている。因数分解の方程式のようだなあ。あの人は、ものを読むこと、書くこと、人を愛することを教え、そして初めて見合い話のあったわたしに、「物は秤にかけて重い方を選ぶべきだよ」とひとこと言い残し、渋谷の雑踏のなかに消えていった。

追いかけるべきだったのかなあ、でも、あの人は逃げきるだろう。いいの。勝手に人を愛した罰を受けているんだから。いつか、その罪も解かれるときがきっとくる。

わたしのお見合いの相手をしてくださる方々、因数分解がとけるまで、どうぞ許してください。

生《なま》のフナ

「せんせいのお母さんから、あずかって来ました」

正月休みに帰省した寮生が、小さい風呂敷包みを置いていった。この寮生は、わたしの故郷、喜多方から来ている。

風呂敷のなかには、白いサラシアメが一袋、ムキクルミが二袋、あとボール箱が一つ。なんだろうとあけてみたら「生のフナが一匹」、笹の葉にくるまれている。

母からの角封筒も入っていた。一段落したら、一度、帰ってきなさい。「スグ　コイ」

とても電報を打とうか、とある。同封のフナは、お父さんの初釣りの一匹。なんとかして食べなさい、と書いてある。

胸がいっぱいになって、ウロコが光るフナをなでてみる。

「ありがとう、お父さん、お母さん。わたしは、こんなにかわいがられるほど、よい娘ではありません。わがまま娘で、心配ばかりかけてきました。そしてもう二六歳。まだ、こうして落ち着かずにいます。早く安心してもらいたい、とだけ考えています」

「自分たちが楽しんでいるとき、きまって老いた父母の顔を思い出します」と寮生が言うが、わたしも同じ。幸せな老後を送ってもらいたいと思う。

ごめんなさい、ご両親様。

それにしても、このフナ、食べてしまいたくない。でも食べないと、くさってしまうだろうなあ。

授業参観みたい

今日、寮生が所属勤務している半導体工場を見学した。その報告書をかく。

半導体工場見学記
一、日時　五月二四日　午前九時三〇分より正午まで
一、見学者　三上、西本、斎藤
一、見学引率指導者　長井課勤務

報告書

いままで三回ほど見学をしたことがありますが、いつも廊下のガラス戸越しからの見学で、その概要しか分かりませんでした。

今回は、直接にガラス窓を越えて、機械とそこで働く寮生に接近できて、ほんとうの見学ができました。

三本足のトランジスターができるまでの工程も、長井課勤務の課程を追ってのご説明で納得できました。

寮生も思いがけないわたしたちの訪問にびっくりして、「ワァーッ」と言って抱きついてくる子もあり、また、一生懸命、自分の仕事について説明してくれる寮生もいました。

見えないほど小さいものをつまんでみて、と、ピンセットを持たせられ、おそるおそる

手を動かしてもみました。

「せんせい、学校のときのおかあさんの授業参観みたいだね。うれしいわ」

こう言って全身で喜びを表現してくれ、親になったようで嬉しく思いました。

仕事が中断されては、という懸念もありましたが、担当それぞれの係長さん、班長さん方も、いろいろと説明してくださり、寮生との交換を笑顔で許してくださいました。

きびしい雰囲気のなかにも和やかさが漂って、ここで働く寮生は幸せだなあ、と、つくづく思いました。

それにしても、どうして、もっと早く寮生の仕事の内容を知ろうとしなかったのだろう、と悔やまれてなりません。細かく、変化のな

職場訪問をする

い繰り返しの多い仕事、危険性も考えられるほど責任を負っているこの子たち。分かっていたなら、もっとあったかい言葉をかけてあげられたのに——。そんな思いをいっぱいに、一人ひとりを励まして現場を離れました。

寮生を理解するためには、まだまだ知らなければならないこと、やらなければならないことが、たくさんあるはずだ、と感じました。

長井課勤務のご厚意を感謝して、時間の都合でまわれないところもありましたが、次回を期して見学を終わりました。

寮生との別れまで

車中の思い

車窓から、ひろびろと広がる緑の田園風景を眺め、心がやわらぐのを感じる。

わたしはいま、故郷「喜多方」に向かう車中にいる。

母に会える、父に会える。会津の山々に会える。早く、「ただいま」と家に帰り着きたい。

ふっと時計をみる。

「二時」

ああ、早番で出勤したあの子たちが帰ってくる時刻だ。「おかえりなさい」という、ドラ声が聞こえなければ――、みんなは、寂しいだろうか。

急に心配になる。離れたくて、辞めたくてしかたのないあの生活なのに。今朝、寮を出てきて、まだ汽車のなかなのに。

気分が悪くなって、帰ってくる子はいないだろうか。食券をなくして、昼食を食べられないで困っている子はいないだろうか。

練習している劇のことを聞きに来たのに、「せんせい、いない」と困っていないだろうか。「ほらほら、起きなさい」と、どなる声が聞こえないけれど、「せんせい、病気じゃあないか」と心配してくれているかな。

さまざまな思いが、あの子たちの姿を追っては、胸が、しめつけられる。一緒に寝たり起きたりしているうちに、寮生を、いとおしく思うようになってしまった。ゴトゴトと黒い煙を残して走る汽車の座席にもたれて、わたしは愛するものの幸せと、せつなさを感じる。

におい

「せんせい、ほんとうに辞めちゃうの」

「さいとうせんせいが辞めるなら、もうわたしたちは、ほかのせんせい、いらない」

寮生の部屋に、一歩、足を踏み入れたら、くちぐちにこんなことを言って、わたしをじっと見つめる。

「なあに？　わたしが辞めるって？」

まず驚く。

「田舎に帰ったのだって、そうなんでしょ」

「みんな、せんせい、田舎に行って相談してきたんだって、そう言ってるのよ」と、寮生たち。

「へえーっ、そんなこと、わたしは初耳だわよ。あなたたち、何を、そんなに想像しているの。いま、わたしが辞めたって、行くところなんてないわよ」

「せんせい、せんせいがお嫁にいくなら、みんなで喜んでお祝いしてあげる。寂しいけれど、それなら我慢するわ。でも、よその寮に行ったり、ほかの会社に移ったりしたら、いやよ。ねえ、せんせい」

「ねえ、せんせい」

「ねえ、せんせい」

子どもたちは、くちぐちに、わたしを問いつめながら、合唱のように声を合わせる。

「わかった、辞めないわよ。あなたたちが可愛いんだもん、辞めるもんですか。アハハァ……」

嬉しい気持ちを笑いにごまかして、涙が出そうになるのをこらえた。

「そうね、オールドミスになると困るから、もう結婚しなければね。そして、あなたたちの彼氏でもお世話してあげるようにならないと。お婿《むこ》さんを一生懸命に探そうかな」

こう言いながら、田舎でお見合いをしてきた彼氏を思い浮かべる。今回は、「因数分解だ」などと言って逃げられないな、と直感してきた。

寮生たちは、わたしが身につけてきた「におい」を、嗅ぎつけるのだろうか。

わたしは、自分のからだに、そっと手を触れてみる。

「せんせい、リンゴむいてやるから、食べていきな」

「ほんとうに辞めないでよ」

大きなリンゴが丸のまま、きれいにむかれてわたしの手にのる。

かわいいなあ――。
ほんとうにかわいい。

どうして分かるの？（若葉寮）

やはり、この子たちは感じとったのだろうか。

どうして分かったのだろう。わたしが帰省してお見合いをし、「もうわがままは許さない」「どこが不服なの」とまで言われ、片桐さんと婚約したことを。今までこだわっていたことも「もう二七歳だろう」との周囲の人たちの目が許さなかった。

寮生たちの望む「せんせいの結婚」には、条件的には合うだろう。

結婚したら、川崎に住むことになる。自分の性格を考えると「家庭」という枠だけでは納まらないだろう。この会社で続けて働きたいと、共働きをお願いした。先例はないが、舎監ではなく、厚生課寮務係で、若い男女の寮生たちの教育関係の仕事をと許可になった。

すべてが決まり、若葉寮を去る日も決まった。

寮生たちは、私が何も言わなくとも、感じとっていたのだ。

これが、四年間を共にした心のつながりなのだろうか。

手縫いの浴衣を持って嫁いでいきます

原のおばさん。まだ生きていらしてほしかった。脳溢血で倒れられ、あっという間のお別れでした。

わたしは今、あなたに手をとって教えていただいたことを、一針一針、思い出し、まごころをこめて、彼の浴衣を縫っています。

おばさんも、きっと、こんなわたしの手元を見ていてくださると思います。

「さいとうさん、ようございましたね。よい奥さまになるんですよ」と、言われたかった。

二人で六〇人の寮生を護《まも》っていたころ、何も知らないわたしは、なんでも、おばさんにしてもらった。

「さいとうさん、もう若葉寮に行くお時間ですよ。さあさあ、お部屋をお掃除いたしますから、お出かけください」

おばさんは、七〇歳になるというのに、よく働いた。階段を掃除しているおばさんに、わたしは付き添うようにして、あぶないからよしてくれ、と頼んで歩いた。

「お掃除をするのが、私の仕事でございます。大丈夫ですから、さいとうさんは、ご自分のお仕事をなさってくださいませ」

少し腰を曲げかげんにして、廊下や階段をみがきあげていく。

「女のしあわせは、やはり結婚することでございますよ。ぐずぐず言わずにいらっしゃいませよ。私のようになってはいけません。早く結婚なさることです」

お茶を入れながら、さとすように話す原のおばさん。

あなたは七〇歳の生涯、ひとりで生きていらっしゃった方。格式の高い良家に仕えて、その半生を過ごされた。寂しいことも、つらいこともあっただろう。

わたしは、おばさんの長い、黒くつやつやと光る髪が好きだった。おばさんの女の命が輝いているような、犯し難い「品」と「艶」を感じていた。

「奥さまになっても困らないように、暇をみて、お教えいたしましょう」

正座させられて、着物の縫い方を習った。

あなたに教えていただいて縫った浴衣を大事に抱いて、お嫁に行きます。おばさん、見ていてください。どうしようもない「ジャジャ馬」だった「さいとうさん」も、女として懸命に生きようと出発点に着きました。

原のおばさん、ありがとうございました。あなたのご冥福を心からお祈りいたします。

「さようなら」と言えずに

とうとう、その日が来てしまった。寮から離れて行く日が来てしまったのだ。

みんなは、「お嫁に行くなら許してあげる」と言って、心のこもった送別会もしてくれた。二人、三人と連れだっては、部屋に入ってきて、別れの言葉をかけてくれる。

「せんせい、出ていってもいいから、旦那さんと仲よく、すてきな家庭をつくってね。もし、約束違反をしたら承知しないから――」

「大学も出て、いい会社につとめて、やさしくって、いいなあ。理想的な人ね。せんせいには、そんな結婚をしてもらいたかったの。おめでとう！」

「このお人形、お部屋にかざって――」

「この壁掛け、わたしたちの部屋にずっと掛けておいた、みんなのマスコットなの。わたしたちのかわりだと思って、眺めてください」

など、いろいろなことを言って、別れを惜しんでくれる。

「会社には、いるんだから、毎日でも会えるのよ。寮にも泊めてもらいに来るからね」

笑いながら答えてはいたものの、ひとりになると、涙がこぼれて困る。

結婚するまでは、従妹とアパート住まいをすることになり、荷物も運び出し、寮での最後の日になった。寮生には、何日に去るとも言わず、「さよなら」とも言わなかった。どうしても告げられなかったのだ。

出勤するみんなを、玄関で、「行ってらっしゃい」と送り出す。ひとり、ひとり、心のなかに刻みつけるように声をかけ、送った。みんなが出勤してしまってガランとなった寮内を、最後の点検をした。

通用口の黒板に向かい、わたしは別れの言葉を書いた。


あなたがたと、ほんとうに別れていかなければならない。寂しい想いでいっぱいです。

いくら大声でどなっていても、とってもかわいかったんだから。

いろいろとありがとう。あなたがたの暖かい心をしっかり胸に、これからの道を歩いていきます。

あなたがたは若い。若さを無駄にせず、大きくはばたいてください。苦しみに負けてはだめ。苦しいことがあるのは当たり前なんだから。一歩一歩、かみしめるように歩いていってね。

自分を、かわいそうだなんて、決して思わないこと。自分を大切にして、その心を人にも及ぼすことが大事かな。みんな幸せに。そのなかのひとりである自分も幸せにならなければならないんだよ。

元気で、明るく、わたしのかわいい人たち、前に向かって、どんどん歩いていってください。離れてしまうけど、あなたがたの足音をしっかりと聞いて、いつでも見ていてあげる。ほんとうに、いろいろとありがとう。

さようなら。

さいとう　まさこ

だれにも「さようなら」とは言わず、ひとり、寮を後にした。

Ⅲ　学園組織から高校通信制課程へ

「玉川女子学園」の教師も勤めることでの採用であったが、入社当時はまだ準備段階で、私たち舎監と、寮務係の人たちとで徐々に、形造っていくしかない状況であった。

二交替制を利用しての授業であるため制限事項は多くあったが、年毎に課目も増えていった。それは、寮生の希望にもよるものである。

残念ながら、わたしの手元に、あのときの時間割表も自分の担当した「国語」の授業内容の資料もない。わたしの記憶だけだが科目は次のようなものだった。

「社会、国語、ペン習字、料理、編物、手芸、洋裁、和裁、体育、音楽、茶道、生花」と十余の科目をあげられる。

講師は、「国語、ペン習字、料理、手芸、和裁、洋裁」はそれぞれの舎監が担当し、他の科目については近隣の高等学校の教師、茶道や生花は外部の先生方にお願いした。

手元に残っている資料のなかに、「社会」の岩崎先生（県立橘高等学校教諭）の授業内容のプリントが残っている。

その内容の深さ、広さに今更ながら驚く。半世紀も経った今となっては先生の許可を得ることはできないが、貴重な講義事項を掲載させていただく。

社会講義要項（岩崎）

①世界にどんな国があるか。

1　国家の総数、主要国名その首都名

2　主要国の国土面積、人口

3　国家の要件、政体の種類と実例

②世界にはどんな民族がいるか。

③世界にはどんな宗教がおこなわれているか。

④国際連合

⑤世界の交通の現状

1　海洋交通

2　航空交通

⑥世界の貿易の現状

1　世界の貿易

2　日本の国際貿易

⑦近代科学の発達と現状

1　原子物理学と軍事科学・平和利用
2　人口衛生
3　医学・薬学
⑧日本の国土と人口
1　地方区分、面積、人口
2　市町村数と主要都市の人口
⑨日本の政治
1　三権分立
2　裁判所の組織と権能
3　国会の組織と権能
4　政治の組織と権能
5　都道府県市町村の組織と権能
⑩日本の労働運動の発達と現状
⑪日本の当面する難問題
1　人口の過剰（特に大都市）

2　その他

⑫川崎市の現状

1　人口増加の実状

2　市役所、市議会、市歳入歳出予算額

3　産業特に工業

⑬人生の目的

1　先人の思想

2　勤労特に生産活動にはどんな意義があるか

3　礼儀作法

⑭法と道徳

1　社会生活と秩序

2　法と道徳との関係

3　法の種類

4　礼儀作法

⑮新憲法の特色

⑯新民法の特色
⑰現代世相の特色
1　民主主義
2　戦後の新教育が青少年に与えた影響（効果）
3　マスコミ、流行
4　青少年の不良化
5　オートメション
⑱青年心理の特質
⑲生活指導
（1）日課を立てること、日記をつけること、便りを書くこと、趣味、特技を養成すること
（2）読書の仕方
（3）映画の見方、新聞、雑誌のよみ方
（4）友人との交際、異性に対する応対
（5）長上者に対する言語、態度

⑳格言、金言、名句（随時適切なものをえらぶ）
㉑時事問題解説（随時適切なものをえらぶ）

こうして教師の方にも恵まれ、徐々に成果を残し、本格的に学園組織にもっていく。昭和三八年（一九六三）に、正式に「玉川女子学園」を開設した。だが、この過程では、学校教育法第一条に規定されている学校としては認められずに、社会教育の一環としての開校だったと考えられる。

だが、この玉川女子学園は、後に取り入れられた県立横浜平沼高等学校通信制普通科のN電教室につながる大きな役割を果たしたのだった。

横浜平沼高等学校は、明治三三年一〇月一〇日に、神奈川県立高等女学校と称し開校している。

平成一二年に一〇〇周年式典を施行しているが、太平洋戦争の戦禍にも遭い、時代に相応し、形態を変えながら、昭和二五年に「神奈川県立横浜平沼高等学校」と改称し、男女共学を実施する。

N電教室にかかわる「通信教育部」は、昭和二三年に併置している。昭和三六年に通信教育部を通信制課程と改称した。そして平成二〇年三月三一日をもって、通信制課程を閉じている。現在、横浜平沼高等学校に「通信課程」はない。

今回（平成二七年一月）、もと高校教諭の知人をとおして学校当局で「N電教室」のことを調べてもらったが、当時の学校要覧にも、この事項は見当たらないとのことだった。

が、たしかにこのN電教室はあったのだ。もと上司の方々のご協力をいただき、確たる経過と実績を知ることができた。

当時、事業支援本部長であった、松浦氏がN電教室の活路を開いてくださったのだ。先に記した集団就職の推移と同じく、年々、雇用状況が変化してきた。地方の中卒者の高校進学率が高まり、二次産業から三次産業への就職指向があらわれはじめる。

そこで松浦氏は「どうしたら交替制勤務者、技能者養成所在勤者に働きながら高校卒の

昭和39年3月22日（日）第一回玉川学園卒業式

資格を取得できるか」と種々検討し、神奈川県の労働部長（当時）H氏に相談された。H氏は後に県の教育長になられた方である。その結果、神奈川県に二校しかない通信制高校（当時、横浜平沼高・湘南高）の制度を導入したらどうかとのご指導を受けた。少々の準備期間をおいて、昭和四二年から正式に開講することになったという。「開設趣旨及び目的」と書かれた次のような書類がある。

開発趣旨及び目的

1　解説趣旨及び目的

（1）定時制高校に通学困難な交替制勤務者に対し、高校教育の機会を与え、人格の陶冶に資する。

（2）最近のめざましい技術革新に対処し、従業員の資質向上を図る。

（3）勤務時間の関係上生ずる余暇時間の善用を図る。

2　学校

本校　神奈川県立横浜平沼高等学校（通信制）

横浜市西区岡野　一―五―八
電話〇四五―三二一―六一六四

N電教室　S四二、五～四三、三　西町寮　男子
若葉寮　女子
S四三、四～五七、六　三一工場四階
S五七、六～五八、三　生産技術学院三階

3　履修課程
通信制　普通課

4　実施方法
本校指導　(1)レポート添削指導　月平均六回
(2)面接指導　月平均二回
N電教室　勤務形態に合わせて、月曜から金曜まで一日二時間

こんな経過があり、ようやく昭和四二年五月一四日に、当時のＮＨＫ学院からの編入者八名を含め、男子五三名、女子五五名の一〇八名で開講し、一六年間続き、昭和五八年三月をもって閉講している。一六年間の卒業生は一〇六名に達している。

初期から学んだ、横浜市に住む宮部キミは、当時のことを、卒業校の中学の冊子に次のように記している。

「（前略）家庭の事情で高校進学はできなかった私が、Ｎ電気株式会社を就職先に選んだのは、平沼Ｎ電教室があったからです。

教室での四年間の思い出は限りなくありますが、いちばん記憶に残るのは、毎日、だれかが授業中に船をこぎだし、しまいには、いびきをかいて寝てしまう人がいることでした。私も「今日こそは、しっかりする」と思いつつ、居眠りをしてしまいます。

職場の人たちも理解してくれ、こころよくスクーリングに行きなさい、と言ってくれたことが嬉しかったです。

この四年間のなかで得られた多くの友人、先生の教え、人々のあたたかい思いやりは何にもかえられない自分の宝物になっています。（後略）」

たしかに早番で午前五時から一三時一五分まで仕事をし、それから二時間の勉強はつらかったであろう。四年間で卒業できなく、五年かかった人もいるし、途中で落伍した人も多かったのは確かだ。

このN電教室の卒業生たちは、その後の生活に多くの知識、勇気と希望を得て会社で充実した仕事をし、定年まで勤めた人たちがほとんどである。女子は、よい母親になっているし、なかには出身地の奄美大島で伝統の大島紬を織っている人もいると聞く。

Ⅳ　一歩一歩の物語

私は、一八歳のときに故郷を出てきてから、長く神奈川県内に住みながら、両親の住む「喜多方」へ、たびたび里帰りをしていた。

そのついでというわけでもないが、ここまで来たのだから、宮城県に住む「せいさん」と「奥山さん」、そう、角館を見物がてら、「百合子さん」にも会いたい、と訪ねていくようになった。

彼女たちの力強い歩みに励まされながら、平坦とは言えない自分の道も歩んでこられた。

ここに「あなたたち四人」の物語を綴った。

かあちゃん、泣かないで。必ず帰ってくる

国語の時間に「おかあさん」という題で作文をかいてもらった。指名されて読みだしたが、途中、涙で読めなくなって机につっぷしてしまった寮生が、上野せいさん（旧姓木村）である。

平成八年（一九九六）の夏、宮城県登米郡迫町佐沼に住む、せいさんを訪ねた。

新幹線で仙台まで行き、東北本線に乗り換えて一時間、石越駅に着いた。いくらか頭の

重くなった稲穂がゆれるなかを、走ってきた列車がふっと停まった、という感じの駅である。線路を踏みこえたところに改札口があった。

「まあまあ、せんせい、ようこそ！」

Tシャツにジーパン姿の上野せいさんが、日焼けした顔に笑みをたたえ迎えてくれた。

彼女は三七年前、この駅から集団就職列車に乗った。

せいさんとの出会いは、昭和三四年（一九五九）六月、わたしの入社のときになる。寮生活は二ヵ月ほど先輩である。元気な統率力のある子だな、と感じた。

運動会、盆おどり、球技大会、演芸大会、園遊会、図書室づくり、と催しものがあるとき、気がつくと彼女が大きな声を張りあげ、わたしの側にいた。

せいさんたちと、会社では初めての寮生活の充実を目指して、いろいろなことに挑戦した。わたしが結婚する名目で、昭和三七年の秋に退職。せいさんはその後、三年半、結局は七年半をN電気に在社し、結婚のために辞めた。実家から車で二〇分ぐらいの所に住む。

当時、若葉寮は三棟あって、棟別に一寮、二寮、三寮と呼ばれていた（後に建て増して五棟になった）。

せいさんたちは、一寮の住人で、東北六県から集まっており、総勢八五名。彼女たちの担当がわたしだった。はじめは分散寮とかけ持ちで、後には、住みこんで一緒に暮らした。

五〇代になった彼女たちは、今でも「一寮のつどい」とグループ名を付けて場所を変えて集いあい、励ましあっている。もちろん、当時の職員もメンバーに入っている。せいさんは、「一寮のつどい」の運営にも積極的で、多く会場になる東京からは離れているが、名簿づくり、記録、人集め、と懸命にやっている。平成八年で二八回目になる集いを、この六月に終えたところだ。スニーカーにスラックス、リュックサックを背負っての、いつものいでたち、最終列車で帰る彼女と四次会までやったのが、つい昨日のようだ。

そのときの約束で今回の出会いとなった。

一九九六年一二月で五三歳になる上野せいさんの歩みは、寮の仲間たちを含め、戦後を生きた一人の女性史、証言でもあると思う。

昭和一八年（一九四三）一二月二三日、木村家の二女として生まれる。

若柳町の真ん中を流れる迫川。当時は、両岸が土手になっていた。堤防がわりの土手下に、平家の民家が二〇軒ほど並ぶように建っている。そのなかに、せいの家もあった。それぞれの家に子どもが五、六人いるのは普通だった。せいの兄弟も五人いる。

子どもたちは、群れるように、川原や土手道でよく遊んだ。

「みんなでね、縄とびしたり、パッタンコ（トランプみたいなカードでぶつけあい）したり、ドッジボール、かけっこもした。でも、恐いこともあった。妹が一歳ぐらいのとき、遊んでいるうち、ひょいといなくなったの、川に流されちゃったのよ。さあ、たいへんだって、姉ちゃんは川にザーッと入っていく。わたしは、とにかく家に知らせなくてはと夢中で家に走ったことがあった。

わたし自身も何回か、おぼれかけて。気がついたら布団の上に寝かされている。みんな集まって、わたしを見てるの。どうしたのって聞いたら、もう少しで危ないところだったなんてこともあった。川が炊事場のようで、米を洗ったり、芋あらったり、洗濯したりするのよ」

父親は左官職。いまは検定試験もあり技能職と認められ基準賃金が決まっているが、当時は手間仕事でその手間賃も安かった。母親が農家の娘さんに和裁を教えていたが、現金の謝礼は少なく、米や野菜がかわりになった。夜おそくまで内職をしていた姿を、せいは覚えている。

「それでもやっぱり、子どもも多いし、たいへんだったと思う。そのころの家、思い出すなあ。玄関入って、畳なん枚かの茶の間、つづいてお勝手、そこでおじいちゃん（父）が板あわせて作ったテーブルでご飯を食べた。おかずだって、質素だったよ。魚半分とか、たくあん、納豆だけとか、卵ひとつだけとかね。それも、大きい小さいの競争なんだもん」

いろいろあったことのなかでも、決して忘れられないこともある。小学生のときの二つの事件がそれにあたる。

「ハーモニカ事件」とわたしは名付けたが、小学四年生のときのことを彼女は後に、次のように文章にしている。

「『ソミファソラソソソ　ラララシドレソ　ソラララファラドーソ　ミソラソミレ　ドドドレミソミレドミソララソ　ソドーソソラソミソレレド　ドドレミソラドード　ミ　レ　ド』

これは、小学四年のときの音楽『牧場の朝』の音符です。ハーモニカでの音楽授業。ハーモニカを買ってと言っても、たぶんわが家では、ちょっと無理だったのかもしれない。

わたしは音楽の教科書の後ろについていたピアノの鍵盤の図で、音符の吸う、吐くを頭に入れ『牧場の朝』の音符をその鍵盤で指さしながら、ハーモニカの練習をずいぶんしました。

で、思い切って隣の同級生に『ハーモニカを貸して』とお願いして一人でソーッと吹いてみました。そうすると、どうでしょう、なんと吹けたではありませんか。もう嬉しくて

嬉しくて何度も何度も吹いていました。なにも、買ってもらわなくても、工夫次第でできるんだと思いました。

その気持ちが心のどこかに根付いていたのか、就職しての初月給で、川崎の駅ビルでハーモニカを買いました。

職場の旅行のときには必ず持って行き、バスのなかの歌の伴奏、目的地についての出発までのフォークダンスの伴奏にとずいぶん利用できました」

彼女のアルバムに、グループのなかでハーモニカを吹いている写真があったのを思い出す。

もう一つのことは、小学六年生のときのこと。図画の時間に、五円の画用紙一枚を持っていかなければならなかった。だが買えない。紙を忘れた、と先生に言ったら、「木村、きょうは、おまえがモデルだ」と、モデルに立たされて、ほっとしたこともあった。

だが、五人兄弟も、姉が働きに行き、せいも集団就職で抜け、すぐ下の弟も見習いに出て、妹も東京に就職、ということで徐々に楽になっていく。いちばん下の弟は高校を卒業している。

家から三分ほどのところに若柳町立若柳中学校がある。せいはそこの卒業生である。在学中はソフトボール部でキャッチャーをやっていた。

せいのその後の性格づくりに、実はこの「キャッチャー」が大きな力になったようだ。「キャッチャーって位置は、全体を見渡せる。自分で采配してやるもんでしょう。命令口調よね。『ファースト、何やってる!』『セカンド、入れ!』なんてね。それがいまに及んでいる。キャッチャーの位置が悪かったのね」

こうは言っているが、キャッチャー的性格の自分が嫌いではなさそうだ。

いよいよ三年生、進路をきめなければならない。もちろん、高校に進学したい。が、そのときの家の状況では、無理だということは分かる。

クラス四八人の進路は、ほぼ決まっていた。取り残されたかたちの彼女に、「N電気」受験の話が持ちこまれた。試験は五教科ある。

「N電気株式会社」など、聞いたこともない会社だが、進路指導の先生は将来性のある会社だと言う。「受けるだけ受けてみたら」と、両親もすすめる。

古川職業安定所で受験。休けい時間に受験者数を、一、二と数えてみた、一三二人が座っていた。そのうち二〇名が採用され、せいもそのひとりになる。のちに一緒の職場で働くことになる奥山恵子が、緑色のオーバーをまとって、うしろのほうに座っていたのを覚えている、という。

親元を離れるのは寂しいが、「ひとりでも減れば、かあちゃん、楽になるだろう」と考えた。集団就職列車の乗車日も決まり、準備をはじめる。行李《こうり》（竹または柳で編みこんだ旅行用の荷物入れ）を買い、母は心づくしのものをそっと入れる。かげで見ていると、ときどき、あふれる涙を指先でおさえている。

母親の姿をみて、せいは、必ず故郷に帰って、この近くに嫁に行く、と、両親に宣言した。

入社後、せいは、若柳中学校の卒業生の文集「ふるさと」に「職場についてから」という題で、次のように便りを寄せている。

「義務教育九年間を終えてから、すぐ社会にとびだした私は、はや一ヵ月以上をすごしました。「N電気」というところに就職した私は、今二交替（早番と遅番）に入り作業をしています。早番は朝五時に会社に集合し午後一時一五分終了。休けいは一〇時と七時半の二回。遅番は午後一時一五分から九時一五分までです。五時半に夕食。そのあと八時にパンと牛乳が出るので、八時になるのが楽しみです」

早番、遅番について書かれているが、一週間交替でくりかえすようになっていた。早番のときは、朝四時半に起床の合図の音楽を流す。三〇分で洗顔、化粧（本格的な化粧をする子は何人もいなかったが）、制服を着て寮を出る。

まだ空には星が輝いている。三々五々、ワイワイと話しながら、会社用地のいちばんはずれにある寮から工場へと歩く。途中、シーンと寝静まっている一群の社宅前を通り、貨物列車が通過する踏み切りをわたり、職業訓練所の前を通過。守衛さんに「おはようございます」と挨拶し、社内に入る。本工場といっていたが、一から八工場の前を通って、会社の中心地、丸池を右手にみながら、ここでまた守衛さんに挨拶。いったん一般道路に出て、すぐ前の上工場といわれる門のところでタイムカードを押し、トランジスター工場へ、という順序で通勤していた。

五〇日、まだ家が恋しくて、恋しくての時期である。布団のなかでシクシク泣いている子、手紙が来ているとわかると、封を切る前から、ワンワンと声を出して泣いている子もいる。読みながら泣き、思い出しながら、また泣く。一五歳の少女であることを実感するときである。今では考えられないことであるが、一二畳に六人が居住していた。

当時の厚生課長の佐藤忠雄氏は、退職してから書いた作品のなかで、会社側の寮生対策の核は、「将来、良いお母さんになるように」ということで、学園組織に力を入れたと書いている。

わたしが入社して、教育講座のカリキュラムを組んだのが最初だった。外部から数人の講師を頼み、あとは舎監が授業を担当した。

科目としては、洋裁、和裁、茶の湯、生花、手芸、国語、社会の七科目に、希望者のみとして、ペン習字、音楽、編みもの、と三科目を加えたのが最初だった。後にさらに科目が増えた。

和裁を例にあげると、運針からはじめる。ついで、半じゅばん、単衣長着、大裁ち女単衣物、大裁ち男物単衣、茶羽織、本裁ち女性袷長着、中裁ち単衣、本裁ち女性長じゅばん、つまみ襟長じゅばん、本裁ち女物袷羽織、一ツ身袷長着までを作っている。

わたしが退職後の昭和三八年（一九六三）に玉川女子学園を開設し、昭和四二年（一九六七）には、県立横浜平沼高校に「N電教室」を開設している。

単調な仕事にたずさわりながらも、向学心に燃える彼女たちに、会社は、こんな対策を講じていたのだ。

「故郷恋し、お母さんはどうしているだろうなどと何時も考えているであろう彼女たちには教養講座のほかに娯楽も必要と思い、鼓笛隊を作り、ソフトボール大会や演芸会なども催し、また文集を作って心の内を述べさせた」

同じく佐藤氏の文章だが、『わかば』という文集をつくり、佐藤氏自身が俳句の講師もつとめている。花嫁修業的な科目も充実し、生花、茶道の免許取得もできるようにと道を開いた。

せいも、時間の許す限り、やりたい科目には挑戦。和裁、洋裁、手芸、編み物、料理などをやっている。

嫁ぐとき、「花嫁修業は、しっかりと、ほぼなんでもできます」と豪語したと言う。事実、なんでもこなす。

また、生活習慣も年配の舎監から、しっかりと教えこまれた。たとえば布団のたたみかた。せいは結婚しても夫に布団はたたませない、教えこまれたやりかたでしないと気持ちが悪いと言う。

「だってパパ（夫）は、布団、シーツ、寝間着ごと一緒に丸めてたたむんだもの。わたしは全部別々にたたまないと気がすまないの」

いまの時代に、こんな社員教育をしても受け入れられないだろうが、三十余年が過ぎて、しっかり生活習慣を教えられて感謝しているという声を、もと寮生からよく聞く。

入社して二ヵ月後、若柳中学から三年生のときの学年主任の二階堂豊後《ぶんご》先生が、補導会

（就職した卒業生の勤務状態などを調べて、家族に報告したり、もと生徒たちを励ます意味もこめて、県ごとの集会や職場訪問をするための会）に参加のため上京された。明治大学で宮城県の新就職者の激励会に出席のあと、若葉寮に来られた。

先生の第一声。

「なんだ木村、垢抜けしたでねえの」

「うそっ、まだ二ヵ月しか経っていないんだもの」

せいは、先生とのこんな会話を覚えているそうだ。

わたしは、今回、突然の訪問だったが、先生にお会いできた。定年になられてからは、悠々自適の生活をなさっている。

「いやあ、いろいろな職場をまわってみましたけどねえ、N電気は最高のところでしたよ。神田の製本屋でしたがね。物置きに、畳しいてゴロ寝、朝六時から夜一〇時まで働いている子どもたちもいました。それから、鋳物工場もひどいもんでした。カネをドロドロに溶かすんで、あついんですね、汗流して、手は火傷だらけでしたし、部屋も屋根裏のような粗末なもんで。たいへんだなあ、親ごさんに、どう報告しようかな、と思い悩んだところも、数多くありました」

遠い日を思い返すような眼差しで話してくださる先生。

「だれだったか、うたっていたなあ、『ああ、上野駅』っていう歌。あの歌をきくと、いつも、おまえたちを思い出していたよ、元気でやっているかなあって——」

せいに向かっての先生のこのひとことが、心に残った。きっと地域ぐるみで、一五歳で旅立った子どもたちを案じていたのだろう。

こんなふうに寮生活にも馴れ、半導体の仕事を続けていたが、せいも辞めたくなったときが何度かあった。本人に言わせると、理由はこういうことである。

「こまかい手仕事は好きだからいいんだけど、いつもいつも同じことをやっている。平凡でしょ、毎日毎日、顕微鏡みて、早番、遅番のくりかえし、飽きちゃったんだよね、何年もいると。辞めたいってエミ子さま（母親）宛に手紙を出すと、もうしばらく辛抱しろ、仕事は、そんなに変わるもんではないんだよって、返事くるの。そうか、と思いなおして——、こんなことのくりかえしよ。結局、七年半、結婚するまで勤めてしまった」

と言う。しかし、わたしは側でみていて、飽きた、だけではないと思うのだ。

寮の前に、道をはさんで神奈川県立橘高等学校がある。南に面しているところは運動場で、男女の高校生たちが楽しそうに部活動をやっている。夜間に学べる定時制もある。せいは二階の窓から、いつもそこを見ていた。というより、彼女の言葉をかりると、「コンチキショウ！　みんな勉強している！　って、にらみつけていた」のだそうだ。

「高校に行きたかった、二交替制でなければ、定時制にも行ける――。一時は親を恨んだ、くやしいやら、情けないやらで」

こう言っている彼女だ、もし、他の職業なら定時制に行けるかも、と考えたのかもしれない。もうひとつ思いあたることは、二年や三年の在社で辞めていく人がいる。なかには通信制の高校を卒業し、貯めたお金で大学に進学する寮生もいた。

彼女は、自分も、できることなら、やってみたいと考えたにちがいない。

じっとにらみ続けて三年、かつての同級生も高校を卒業した。その三月になったとき、ふしぎに、くやしさ、なさけなさがスーッと消えていった。橘高校を見おろすこともなくなった。そして、家に帰ってこよう、家に帰れるんだ、と考えたという。こんな気持ちの経過をたどったのは、せいだけではない。多くの高校に行きたくても行けなかった子の体験でもある。

しかし、「中卒」ということは、彼女らに大きい荷物を背負わせる結果になったこともたしかだ。

これをバネに人生を歩み抜けた人はいい。だが抜けられずに、自分を住所不明にして、この時期の人たちとは縁を切ってしまう人もいる。また、子どもや夫が持ち帰る書類に、「中卒」とは書きたくない。そんな立場にある人もいる。それでよりよく生きられるなら、高卒と書こうが言おうがいいじゃない、わたしは祈るような気持ちで、そう思う。

「ほら、わたしら仲間で、遅くなって、やっと子どもができたユミちゃん。この間、こぼしていたけど、いまはね、高卒でも通じないんですって。若いお母さん、みんな短大か大学卒なんだって」

時代は変わってきているのだった。

だが、日本では学歴社会であることには変わらず、この問題は、後に上野家の長女、久美子にも影響を及ぼす。

「仲間で集まったとき、両親がどこの学校を卒業しているかなど話すときがある。でもわたし、こんなときは話の輪のなかに入れなかった。はじっこでだまっていた」

いつもは明るい久美子がこぼす。

「お父さんもお母さんも高校は出たかったの。お金の都合で、だめだった。でもわたしは、N電気に入って、いろんな面で勉強して、充実した青春時代をすごしてきた、悔いはない。

あんたにいやな思いをさせて、悪いね。しょうがなかったんだよ。そんな時代だったんだよ。久美子ごめんね」

せいお母さんは、こう答えている。

いきなり、せいお母さんが登場したが、彼女は昭和四一年（一九六六）一一月三日に結婚した。相手は四歳年上の上野智章氏。見合い結婚である。

上野氏は地元佐沼の生まれ、やはり最初の集団就職列車に乗って、東京の印刷所につとめた。が、昭和三七年に父親が急病と、いうことで家に帰り、そのまま東京には戻らずに、町内の印刷所に勤めてしまった人である。

結婚式の費用は全部、せいが自分で出した。両親にミシン一台のお祝いを貰った。結納金のなかから、実家の水道引き込み費用を残している。

六帖、四帖半のアパートから新婚生活は出発。二児を授かる。酒販会館の管理人をやったりの過労で彼女が倒れ、お連れ合いも高血圧で倒れる。細かい印刷業は辞めて、現在は建物解体業の仕事をしている。

結婚二一年目にマイホームを購入。長女、長男も社会人として仙台へ。いまは夫婦二人の生活を楽しんでいる。

彼女は一二年間、食料品店でパート勤めをしていて、いまではなくてはならぬ人である。

彼女の信条は次のとおり。

「わたしね、仕事に対してきびしいと言われるのね。でも働きに来てるんだから、当たり前でしょ。わたしら、N電気で、正確にキチンとしないと通用しない仕事してきているでしょ。仕事って、そういうものだって思っているから」

彼女は、書くことも、撮影も好きで、新聞によく投稿し採用されている。その掲載紙を送ってもらうのが楽しみである。

彼女は、このとき以降も「一寮のつどい」

苗の植え直し　平成24（2012）年6月1日（河北新聞）

の代表幹事で、東京、松島、青森などでの開催に力をつくしている。いつも写真撮影はせいさんにおまかせしている。シャッターチャンスを逃さない。車を運転しながら、宮城県特有の季節、人物などを写しとり、「河北新聞」に投稿、一冊のノートにまとまるほど採用されている。また文章も書き、同じ新聞社に投稿しては、掲載されている。

わたしが「仙台まで行くから、会いたい」と声をかけると、近隣の県に住む、もと寮生を集め、場所も設定してくれる。急遽、「一寮のつどい」仙台小集会が成立するのである。

今年の二月一日も、仙台の街で六名が集合、存分におしゃべりをした。

まだまだ元気、現役で働いている。

近江商人の生きかたが手本

会社で仕事をしながら、高校だけでなしに、各種学校で技術的なものを学ぶ寮生もたくさんいた。

「歯医者に行ってきます」

「肩が痛いので整形のお医者さんに行ったら、毎日、通いなさいって言われました」

など、わたしには分かるウソをついて、二交替の時間をうまく利用しながら勉強していた。三年間ぐらいの在社で、ある程度の力がつき、自活できる見通しがつくと辞めていく。タイピスト、洋裁士、和裁士、トレーサー、保母、教師、事務員と、わたしが知っている限りでも、自分の可能な力を、広い社会で試し続けている人もいる。しかし、その道程には、それぞれにきびしい状況が待ち受け、それを乗り越えていっての結果なのだった。

通信教育で高校の勉強をしていた古作陸子さんの険しかった半生を取材してみた。岩手県の藤沢町。東北本線の一の関から三〇キロほど入った町である。森林で囲まれたなかに、家々が点在している。昔はわらぶき屋根であったろうが、いまは、いわゆる現代風の家も見受けられる。

ここで陸子は昭和一八年に生を受け、一五歳まで育っている。

わたしは、仙台までの仕事のついでながら、お母さんにお会いしたいと訪れた。空からは雪が降ってくるが、下の道はドロドロ、という三月のことだった。周囲は、こまかい雪で、もやっていて、別世界に来たような感じである。

奥まった高台に陸子の家はあり、母親がひとりで留守を守っていた。姉夫婦が跡を継いでいるとのことだが、そのときは留守だった。陸子と似て、小柄で温厚なお母さん。家事全般をこなす働き者である。昭和五五年に父親は亡くなっている。

「このへんは農家だし、中学を卒業したら、みんな働きに出たもんでな。それにここにいては、食べていけない。だから、みんな働きに行くしかなかった」

今でも、ほとんどの農家が兼業農家で、家族のうち一人は、工場誘致で進出してきた会社に勤めて、生計がなりたっていると言う。

「陸ちゃんも、行きたかった学校を卒業して、頑張りましたね。そして、よい家庭を築かれて、お母さんもご安心ですね」

「ほんとにな。からだもこわさねえで、よく頑張ったって、親のおれでも感心してる」

お母さんは、陸子の幼い時代の写真など取り出し、満足そう。

こんな故郷を持つ、古作陸子の人生転機の一歩は、一の関から乗った集団就職列車からはじまった。

四人姉妹の二番目だったので、家にもいられない、進学もできない、就職するのが当然だと思った。当時、卒業生の三分の二は、なんらかの仕事に就いた。電気、紡績関係は、条件がよく、希望者も多かった。東北各地の職業安定所に面接に行ったN電気の寮務係の鈴木さんたちは、少なくとも五、六倍、多いときは一三倍もの希望者のなかから優秀な人物を選んできた、と報告している。

一晩、汽車に乗って川崎に来たとき、「遠いなあー、もう二度と、家には帰れないだろう」と思ったそうだ。

寮に入ったら、ふとんのたたみかた、礼儀作法の基本を教えられ、規律が守られている。あまりの生活の変化にとまどってしまった。今でも日々の生活のなかで、先生の声がきこえてくるような気がすると後に語っている。

陸子は、故郷を出るとき、「都会に行けば、いろいろと勉強できるだろう。教師になりたい。そのために、とりあえず上京して働こう」と考えていた。その目的があったので、二交替制がひとつの障害になった。社内学園では、まだ正式な資格がとれない時期でもある。悩んでいたとき、ふるさとの同級生がやっているという、上野高校の通信教育の教材を見せてもらい、自分も始める。

「スクーリングも、日曜日だから行けたが、きつかった。レポートを出すのだが、むずかしくて、なかなか自分のものにならない、理解できない。これでは駄目だ。やはり定時制に行きたい、と思ったのね」

悩んでいたとき、寮生間で伝染病のように流行っていた「急性虫垂炎」になった。痛む陸子を夜中に、大学付属病院に運んだのは、たしか、わたしだった。

「入院しているときに知りあった年配の患者さん。その人がタニタ病院の看護師さんだったの。話しているうち、わたしが定時制高校に行きたがっていると知ったら、その人がね。『うちの病院に来なさいよ。病人食を作る食堂で働けばいい、宿舎もあるし、食事付きだし――』ということで、二年間勤めたN電気を辞めたの」

上野高校の通信教育課程から、法政二高の定時制課程に編入、一年だぶって入学というかたちになった。

病院での仕事はたいへんだったらしい。重労働でもあり、五時になると抜け出して学校に行かなければならない。高校の先生が見かねて事務の仕事を紹介してくれた。今度は食住ともに自分でやらなければならない。

なんとか、やりくりして無事、法政大学文学部史学科に入学した。

入学金や授業料などは、間に合ったの、と、聞きにくいことを問う。

「いちばん貯まったのはN電気。家には、たまに送金するくらいだったから。タニタ病院でも少し貯めて、事務員のときがいちばん苦しかった。お金を数えてみると、どうしても足りない、だから、食べるものと着るものをギリギリにして、少し貯めたの。目標額に達したとき、通帳抱いて笑ったり、泣いたり――」

今になっては、思い出のひとつになったのか、快活に話してくれる。

「友だちも、雇っている人もだけど、どうして、そんなに苦労してまで学校に行くんだって、よく聞かれた。わたしね、自分でやりたかったことだから、苦労だなんて思わなかったし、自分で言うのは、恥ずかしいんだけど、人のために何かやりたかったのね」

入学してからは、化粧品を商う事務所で夜間、働いた。

そんなとき、学校の図書館で清掃をしているおばさんに声をかけられ、ある宗教の入信をすすめられ、納得して信者となった。卒業するまでおばさんの持ち家に、無料で泊めてもらい、世話になった。

商事会社に就職、三年後に隣家のご夫婦のすすめで元住吉で電気関係の仕事をしている人と見合い結婚をした。

よい伴侶に恵まれ、現在、地域のなかでいきいきと生活している。

「いろいろな人との出会いがあって、助けていただいて、今のわたしがあるの。だから、人にも、やれることはやってあげたいと思うのね」

陸子の顔は柔和で、輝いている。

「陸ちゃんが卒業論文のことで、わたしが勤めていた『出版社』に来てくれたことがあったわよね。テーマはなんだっけ」

「せんせい、忘れているんだから――。中世の『近江商人』。わたしね、この論文を書いて、大切なことを学んだの」

　彼女が話してくれたのには、なるほどと思った。近江商人には根性があった。例えば、行く手に急な坂があると喜んだ。なぜかと言うと、こんな急な坂は、他の商人は登ってこないだろう、よかった、自分の商品が売れる、と考えた。関東地方の商人は、大変だから辞めよう、と考える、と言うのだ。

「わたしのいままでの人生のなかでいろんなことがあったとき、いつも近江商人のことを考えて、生きる励みにしたの。学校で勉強したこと、今となっては細かいことは全部、忘れてしまったけど、『近江商人の生き方』だけは、はっきりと覚えているのね。このことだけでも学校に行ってよかった、と思っている。そうそう、せんせい、あの節はご助言いただき、ありがとうございました」

「いまごろ、お礼?　まあいいか、いいよ、いいよ」

二人は声をあわせて笑った。

彼女は、また次のようなことも懸命に語ってくれた。

「中卒だとか、大卒だとか、学歴、そんなもの関係ないんじゃない？　わたしは自分でやりたかったからやっただけ。ハンディは感じても、それが瞬発力になって、みんなすばらしい生きかたをしていると思う。それは、社会に初めて出たとき、斎藤せんせいをはじめ、N電気で、すばらしい人々にめぐり会ったから、だと思う。寮では、衝突もあったし、言い合いもした。でも、ここで、『あっ、ここまで言ったらだめなんだな』という、人と調和するということもわかってきた。このことは結婚後、大家族とのかかわりにも大いに役立ち円満にすごす秘訣になったと思う。

わたしなんか、みんなそれぞれの生きかたに感動して、触発されることが多かった。それに、一部屋六人で暮らしていたんだから、なんでも知りつくしている。だから助けあったし、励ましあったし、なぐさめあった。家から遠く離れて来ているんだから、帰るところがないわけ、友だちのところに帰るしかなかった。今でも肉親、きょうだいのような関係になっている」

わたしは、最後の「帰るところがなかった」という言葉を、自分なりにかみしめ、心に刻んだ。わたしたち舎監が「帰るところ」にはなり得なかった。やはり十分に役割を果たしていなかったのだ、今更ながら力不足を感じ、寮生に申し訳なかったと思った。

彼女は、現在、川崎市に住んでいる。三人の男の子を授かり、社会人として立派に育て、それぞれ家庭を持ち、孫たちも参加する恒例の大新年会を楽しみにしている。

一方、同居していた義父は早くに亡くなり、義母との同居が長く続いたが、後年の二〇年間は、失明し、からだが不自由になった義母の介護に心をつくした。

その間、義姉をはじめ、仲間たちに励まされ、「介護のおすそわけ」を知る。現在は自ら、自転車を乗りまわし、多くの人たちに与えたり、与えられたりしている小柄ながら元気な「陸ちゃん」である。

彼女とN電気株式会社玉川事業所の周辺を歩いたこの二月一九日、別れしなに「せんせい、いつか読んでもらおうと思っていたんだけれど――」と手渡された手紙がある。そこには彼女の「一寮のつどい」への想いが綴られていた。許可を得て掲載させていただく。

「一寮のつどい」で毎年、みんなに会うのが楽しい！　何故かと考えてみました。前に先生は「心のふるさと」にはなれなかったと書かれていたけれど、そうではないよ！

あの年齢のときに、たまに帰省し、母に会うと涙が出ます。そして上京するときは、また私も母も涙。だから帰京するときは自分を叱咤激励し、振り返らずに行きます。そしてこんな帰るべき家がある幸せを思います。

それと同じように、私たちを支えてくださった会社の人事の方々、先生たちのふところのなかに帰ってくることのできる安心感。生まれた実家が第一の故郷《ふるさと》とすると第二の故郷《ふるさと》で私たちを支えてくださった先生方は、家の支柱にも似た感じです。だから私たちは、その支柱に支えられて五〇年以上も集い合うことができたんだと、我が心を整理し、あらためて感謝しています。

集い会う年齢ごとに話題が変わりますが、いつも変わらないのが、「〇〇ちゃん」と呼び合い話し合うことです。青春のいっときを無我夢中で仕事、けいこごと、サークル活動と動きました。礼儀作法をも教わりました。

今とは、だいぶ変わった自分の写真と対面し、話に熱が入り、年齢はそのときにタイムスリップします。千一夜の如く語りつくせない話に時計も今日が終わり、明日になっています。

地平線から登る日の出に感動しながら、現実の生活へと心をきりかえます。今日から、また介護に、家事に、仕事に頑張るぞ、と心をリフレッシュして家路につきます。

この「つどい」、私観ながら一年のすべてをかけて踊る「リオのカーニバル」にも似ているかな、ちょっとオーバーかもしれませんが、そう思うのです。

先生、私たちの心のふるさととして、いつまでも支えてくださいね。

家になんか帰りたくなかったのに

「せんせい、お友だちがたくさん入社してくるというのに、わたしは会社を辞めなければならなくなりました……」

下を向いて、じっと口びるをかみしめている子。

「急に、どうしてなの」

と問うわたしに、寮生はだまって家からの手紙を二通、手渡してくれた。

お父さんからの手紙。そこには、家を支えている悲痛な父の訴えが連ねてある。

高血圧のために、ふるえる手で餅菓子をつくり配達するつらさ。長男の病弱を嘆く。このままでは一家共倒れだと心配し、借金返済も苦しい、お前たちにはやってやれなかったが、末の子だけは高校に入れたいと、父の責任が記されている。

家のために帰ってきてほしい。オートバイの免許をとって、一日も早く、店を再建してくれ、と、この一八歳の少女に夢を託している。

そして最後の封筒には、たどたどしい字で母の便りが一枚同封してあった。

お前が帰ってきてくれたら、こんな嬉しいことはない。でもお前が買ってほしいというものは、買ってやれないこともあるだろうが、がまんしてくれ、一日でも早く帰ってきておくれ、と。

「せんせい、わたしは自分だけのしあわせを考えたら、家になんか帰りたくない。でもそれではいけないんですね。みんなのしあわせを考えなければ……。これから寮のことも一生懸命やろうと思っていたのに。（創設されたばかりの図書委員をしていた）せんせい、ほんとうはやめたくない」

わたしには、この子の気持ちがよくわかる。頭のよい活動的な子だ。

「やっぱりあなたが帰ってあげるのがいちばんいいと思う。あなたの生活する場はここだけではないはず。田舎でいま、あなたがどうしても必要なのよ。あなたならやれる。あなたが中心になって築きあげていくのよ」

　手紙を読み終えたわたしは恵子にこんなふうに話した。

「わたしも決心はしているんです」

と言いながらも、涙をボロボロとこぼす。

「さあ、決心したら、それに向かって進むこと。ここの生活をきちんと整理してね。泣いちゃいけない――」

　わたしの言葉に、寮生は無理に涙をとめ、笑顔をつくる。

「わかりました、せんせい、ありがとう」

　立ちあがり部屋に帰っていく。無理に肩をいからせているような後ろ姿を見送りながら、わたしは初めて涙をぬぐう。苦しい道が待っているのだろう。でも、負けないで、幸せをつかんでほしい。

　図書の仕事を一緒にしていた仲間が、恵子さんの送別会を開いてくれた。

　別れるのは悲しいが、なごやかに恵子さんを励まし、送ってやろうと、お菓子の並んだテーブルを囲む。

「せんせい、五円の大福がこんど六円になったんだよ。それでもやすいから買いに行ってくる」

二キロもある遠い店に買い出しに行った。そのまんじゅうと大福が並んでいる。

入社して三年半。いろいろなことがあった、と、みんなが思い出し顔。

「もう、泣きだしたくなるようなこともなくなった。反対に思う存分、大声を出して笑いたいときがある」

「そう、わたしも——」

「お部屋のなかがうまくいかなくて悩んだときもあったけど、三年目になったら、それぞれ自分は自分、人のことに干渉しなくなった」

「わがままが直った」

恵子さんを中心に話題が広がる。

「つらいこともあったでしょうが、寮生活はあなたがたの、これからの生活に、きっとプラスになると思うの。よいところを生かしてほしい」

わたしも、ちょっと口出しをする。

「恵子さん、田舎から、どんどん便り、寄こして。今度から出す機関誌『わかば』に載せようよ。ここから出ていく人も含めて、みんなの文集にしようよ。ねえ、みなさん、どうでしょう」

　またまた、わたしの発言。

「さんせい、さんせい」

　若い声が口々に叫び、瞳を輝かせている。一〇代のにおいがプンプン。押せば、プッツンとはねかえってくるような健康な息吹が部屋いっぱいにみなぎっている。そんな顔をみながら、「すこやかに伸びてほしい」と思う。

　恵子さんも、今夜の笑顔と仲間を忘れずに、明るく、頑張って貰いたいもの。

「さあ、けむたいせんせいは引き揚げましょう。あとは、どうぞ水入らずで——。天井が抜けない限り、あばれても結構よ。恵子さん、楽しく送ってもらいなさいね。みなさん、恵子さんを励ましてあげてね。では、お先に。ありがとう」

　立ちあがるわたしに、寮生は呼びかける。

「せんせい、せんせいにもお祝いくらいしてあげるから、送別会くらいしてあげるから、早くお嫁に行きなよ！」

「はいはい、追い出されていきますよ。その節はよろしく。大福五つくらい、ちょうだいね」

「よしきた、覚えとくよ、せんせい」
「アハハァ、アハハァ」
まあまあ、とんだ送別会だなあ、と集会室を出る。

宮城県のほぼ中央を走る陸羽東線に「岩出山」という駅がある。そこに住んでいる奥山恵子さん。「家になんか帰りたくないのに」文中の主人公、「恵子さん」である。昭和三四年に上野せいさんと同じ職業安定所で受験し、N電気株式会社に入社。三年後に退職して実家に帰った。

現在は、「ひさご菓子店」の経営者である。「水まんじゅう」「ずんだ餅」などで、岩出山、古川周辺ではよく知られている。天皇ご夫妻が岩出山においでになられたとき、この二種を献上。「おいしいとおっしゃって、二個、召し上がったのよ」と、平成九年に訪ねたわたしに、早速に報告してくれた。

婿入りしたお連れ合いと一緒に店をきりもり、従業員も一〇人ほどいる。家事は元気なお母さまがなさる。

「泣いてやめていったので、どうしているかな、って、ときどき考えていたの。仙台で一回、会っているわよね。あのとき、お店もうまくいっているって聞いていたので、よかったな、と思っていたの。改めて、ご繁栄おめでとうございます」

わたしが座りなおして頭をさげたのがおかしいと、部屋中に笑い声がひろがる。

お父さんは、恵子さんに菓子づくりを仕込んで、二五年前に亡くなられた。七〇代といわれるお母さんは、まだバリバリの現役主婦、動作も早いし、若い。中国からの引き揚げ者だとのこと。昭和二〇年八月一五日、敗戦を迎え、引き揚げてくる。北京市内にいたせいか、みんなで助けあい、無事に帰国、ひとまず岩出山に住む。

その後、山形に住んだり、二度ほど転居、最終的に岩出山に落ちついた。菓子屋を開店するための資金を稼ぐために、夫婦は、仕事なら、どんなことでもした。たとえば、真夜中に産婆さんを乗せたリヤカーを引っぱるとか、人のいやがる仕事はすすんでやった。

「このへんで、おなご（女性）がバイクの免許をとったのは、おれがいちばん最初じゃないかな」

交通係のお巡りさんとも派手に言い合いをし、「違反だというのを、取り消させたことが、なんどあったか」という、行動派の母親だ。

恵子は教師になりたかった。いまその志は長女が継いでくれている。母親恵子と同じく陸上競技が得意で、選手としてよい成績をあげていた。みずから望んで体育系の大学を卒業、体育教師として、自宅近くの学校に勤めている。

「忙しくて、子どもたちに手をかけられなかったけど、みんなに『素直に育っているね』って言われるの。親が言うのもおかしいけれど、わたしもそう思う。娘も、わたしの願っていたことがわかって、体育教師の道を選んでくれたのだなと思うの。あの子、なにも言わないけど」

噂していた娘が、挨拶しながら顔を出す。運動している身体はスラリとしてきれいだ。思わず下から上へと眺めてしまう。これからデートだと言う。

「わたしは、自分の履歴を中卒とはっきり書くわよ。お父さん（夫）は高卒、娘と息子は大卒。順序にそろっちゃっておかしいわね」

と恵子は高らかに笑う。

「ハングリーに育てられたから、負けん気が強かった。だからできた。めげちゃったら、ついていけないもん。やれないものね。『中卒』。わたしの勲章なのよ」

続けて、聞きもらせないこともひとこと。

「夫婦が懸命に働いていると、子どもも立派に育つと思うの。ちがう、せんせい？」

悪妻でとおっているわたしだが、とまどいながらも、大きくうなずいた。

毎年、六月になると「ひさご菓子店」から「水まんじゅう」が、宅急便で私宅に届く。

奥山さんとも、仙台の「一寮のつどい」小集会で何回か会っている。今回、二月一日にも駆けつけてくれた。

そこで、改めて現在の気持ちをみんなに語った。

「N電気を退社して、家に帰ったことは後悔していない。両親も姉妹も、まわりのみんなが喜んでくれているし、無名だった『ひさご菓子店』も、遠くからわざわざ訪ねて来てくださるお客様が増えたことが嬉しいことなの。『おいしかったから』って、宅配便で送ってくれというお客様も増えて商売がやりにくい世の中でも、なんとか続けていられることをありがたいなあ、と思っています」

「跡つぎも決まったの?」

という仲間の問いに、「ええ、二男の息子がやると言ってくれている」と嬉しそうに語っていた。

九七歳になられたお母様もお元気で、忙しく働いておられるとのことだ。

仲間に、「元気でこれからも頑張ってね」と励まされていた。

不思議な不思議な出会いがあって

山田百合子さんも、自分の意志を貫きとおしたひとりだった。

秋田県仙北郡、みちのくの小京都と言われる「角館」の近くで生を受けた。七人兄弟の六番目に生まれた。農業のかたわら写真業を営んでいた父親は、彼女が二歳のときに病死した。その後、子どもたちは働き者で大らかな母親に育てられた。上の兄姉はほとんど中学を卒業すると、すぐに社会人になっていた。

百合子さんも中学三年生になって、近くの農業高校の定時制にでも入ろうかと思っていた。そんなとき、大曲職業安定所で、N電気株式会社の求人案内を見た。仕事をさせてもらいながら、いろいろな勉強もできるらしい。そうだ、都会に行けば、自分のやりたいことも叶うかもしれないと、張り切って集団就職列車に乗った。

「一二畳に六人の部屋」には、ちょっと驚いたが、仕事は単純で、こんなものかと思った。社内の混声合唱団に入り、みんなと歌えることが楽しかったし、社内教育もあり、ホームシックにもならず、いやなこともなく一年半を過ごした。

中学生のころから音楽が好きだったので、歌うことに心がはずんだ。この音楽を少しくわしく学びたいと考え、飯塚書店から出ている「作曲入門講座」八巻を購入し、赤線をひきながら学んだ。内容はよく分からなかったが、新しいことを学ぶのは楽しく新鮮な気持ちだったと言う。

そして、彼女は、今でこそ無謀なことをと言っているが、そのときは、ただ無心にこの本の著者に手紙を出そうと鉛筆をにぎった。思いがけなくも、著者、北川剛氏から返事があり、「一度、会ってみましょう」ということになった。

そのときの彼女の文章がある。

「渋谷のハチ公からバスで訪ねて行って、木造の古い家でいろんな話をよく聞いていただいたのを覚えている。隣の部屋でラジオかテレビの音が聞こえ、小さな男の子が襖をあけて出たり入ったりしていました。話の内容はもう覚えていませんが、話の最後になったころ、その先生が、「高校に入るということは考えられないのかな？　それから考えても遅くないと思うけど……」と、何気なく言われました。目からウロコでした。

私は「そうだ、そういうこともあるんだ……そうしてみようかなあ」と思ったのです。

帰りの電車のなかでは、もう心を決めていたように思います。

その先生が、どうしてこんな若者に会ってみようと思われたのか分かりませんし、すっかり忘れて過ごしていたのですが、私が四〇代になったころ、「合唱団『白樺』の創設者・指揮者〝北川剛氏死亡〟」の新聞の記事を見つけた時、〝ああ、あの人だ——〟と、ジーンと寂しい気持ちになった記憶があります。不思議な不思議な、でもとても大事な出会いでした」

たった「ひとこと」の助言が人を動かすことがある。すばらしい人とめぐりあったのだ。私は「ひとりの人間」として、心からお礼が言いたい。

後に、この人のことを調べてみた。やっと探しあてた二冊の著書を読み、彼の生きてきた道をたどり、彼だからこそ、自然と出た行動だったろうと考えた。

北川剛氏は島根県出身で武蔵野音楽大学を卒業し、太平洋戦争で召集され、敗戦後にシベリアに抑留されている。この地で楽団を作り、各収容所を慰問しながら、土地の人々と交流し、ロシア民謡を吸収する、が、収容状況はきびしいもので鯨油をなめながらの死の行進、彼の部下は一切れのパンを盗んだ罪で射殺されるなど苛酷なものだった。帰国後、合唱団の指導・指揮、ロシア民謡の普及などと活躍なさる。昭和四一年、六四歳で死亡。

彼は抑留生活で「生きる証」を知り、他の人にも及ぼすことをなさったのだと思う。「ありがとうございました」と言いたい。

田舎の母親に「高校に行こうと思う」と、手紙を書いた。「お金はないよ。嫁に行くのが遅れるよ」との返事だった。「月謝や通学の汽車代などは自分で出すから」と返事を書き、しぶしぶ承知した母親のもとに帰ったのは、入社してから一年九ヵ月後のことだった。

「働いていたお金は貯めておいたの？」と問いかけたわたしに彼女は答えた。

「そう、当時の給料が八〜九〇〇〇円くらい。そこから食費など払っても、二、三〇〇〇円は残ったのね。退職金も少し貰って、八万円くらい家に持って帰ったの」

高校の授業料は月に六五〇円くらい、それを貯金から払い、家庭教師をして月に二〇〇〇円、日本育英会から一〇〇〇円、このお金でなんとか無事に高等学校を卒業した。

そして次の段階、仙台市にある国立大学への入学も果たした。

まず寮に入って、家庭教師を常時一人か二人（一人三〇〇〇円くらい）。日本育英会からの奨学金（一ヵ月八〇〇〇円）を貰う。教師になれば返さなくともいいお金だった。これを基本に単発的なアルバイトをたくさんしたと言う。「いろんな仕事の真似ごとができて楽しかった。印刷工場、パチンコ屋の景品交換、劇団公演のアイロンがけ、食堂、電話がけ、デパートの展示会の監視員などをね」

彼女はなつかしげにアルバイトの職種をあげる。

まったく「ひとりでの卒業」を果たした。以後、小学校で教員生活、子どもを教えることは大好きだったと言う。

縁あって、自分と同じように養成工から勉学し、公務員となった山田氏と結婚し、英会話（英検）の資格をとり、英語を教えることを仕事にするようになった。

「あれほど好きだった音楽は――」

との私の問いに彼女は、うなずきながら答えてくれた。

「そう、ある同級生に、あんた、放課後によくハーモニカを吹いていたわよね。いまも吹いている？」

と言われて、そうだ、音楽が好きだったと思い出し、ハーモニカを吹きだし、一一年ぐらいになるそうだ。いろいろな会合でハーモニカを吹いては、聴く人を楽しませ、涙ぐんでくれる人もいるとのことだった。

そう言えば「一寮のつどい」でも吹いていた。「ああ、上野駅」には、みんながしんみりと聴いていたことを思い出した。

山田氏は、東京出身ながら、いま二人プラス、ニャンコ一匹は仙北平野の緑のなかで、農的生活を楽しんでいる。

はじめてこの地を訪れたわたしは、空気のよさ、川に沿って咲く桜並木、古い歴史を持つ城下町の街並みが大好きになった。

「一寮での二年弱の生活は、その後の人生や考えかたの原点になっています。とんとん拍子で大学に入ってきた人とは、少し違うものがあるかもしれない。貧乏だったことも、その分、人の痛みが分かることなんだと今はすべてに感謝しています」

と別れぎわに語ってくれた彼女の言葉が胸に残った。

百合子さんも二月一日の「一寮のつどい」仙台小集会に参加してくれた。久しぶりの仲間と楽しげに語っていた。

昭和40年9月19日（日）神奈川青少年ホールにて

なかで「せんせい！」と呼びかけ話してくれた内容は初耳のことだった。

「わたしね。N電合唱団で一緒に歌っていた和子さんと、六〇代になって二回、上京して、北川先生が育てられた白樺合唱団の公演を聴きに行ったの。全身をゆさぶられるような迫力で感動したわ」

と、胸に手をあてている彼女をみて、北川先生も喜んでおられるだろうと思った。

V　約束違反のせんせい

住みこみの舎監から、厚生課寮務係として勤務が変わった。「朝、出勤して、夕方、帰る」という当たりまえの状態になったはずなのに、退社時間に帰るのが悪いような気がして、はじめのうちは、とまどった。

仕事内容は同じなので、顔なじみの寮生に会うチャンスも多い。二交替制勤務の寮生には、こちらから訪ねないと会えないが、日勤の中丸子寮の子には、昼休みに、ばったりと会うことがある。「ワアーッ」と抱きあったり、手を握りあったりのパフォーマンスが大げさだと、新しい職場の同僚に笑われる。

「せんせいが男なら、わたし、お嫁に行くのに、女なんだもん、つまんない」

いきなり、こんなことを言いながら、後ろから抱きついてくる。声ですぐわかる、京子ちゃんだ。

彼女は、昼休みに食堂に行くわたしを待っているようになった。

ひとりのときは、飛びついてきて、話したいことだけ一方的に話して、「せんせい、またあしたね」と言って職場に戻っていく。女性の友人や、たまに係長といっしょのときもある。それでも、いたずらっぽい顔を見せて寄ってきて話して行く。ただ、不思議なことに、同じ課で向かいあって座っている鈴木さんといっしょのときだけは、プンと横を向き、走り去ってしまう。

「京子ちゃん、わたし、お仕事のことで、男の人と話さなければならないこともあるのよ」と言っても、涙を浮かべて、「イヤ、イヤ」というふうに頭をふる。

彼女の涙を見て、はっと、気付いたことがある。――この子は知っている、感じていたのだ。わたしと鈴木さんとの間に、「ある感情」が流れ合っていたのを。わたしたち二人は避けよう、無関心でいよう、と懸命に努力しているのに――。

他の人は、同じ仕事をしていて、彼が上司として、わたしを連れて歩いていても、少しも疑わなかった。寮生の直感を恐ろしく思った。

「せんせい、すてきな結婚をしてね。ハンサムで、大学出で、お金持ちで、王子さまのような人と」

いつか、ふざけた口調で言っていた寮生の顔を思い浮かべる。

たしかに、有名大学を卒業し、大手会社に勤めている片桐直人さんと婚約していた。寮生たちの夢をこわしたくない。みんなに祝福された、彼女たちの目標でもある「わたしの結婚」を大切に守らなければと思っていた。

だが、実際には、わたしは「悩める人」になっていた。結構、おしゃべりなわたしが、片桐さんの前に行くと話をしなくなってしまう。素直な自分でなくなる。そんなわたしを、彼は「母性本能がない」「デリカシーがない」と責める。自分を理解してもらえないもどかしさが、いつも心のなかにあった。そんなことを愚痴る相手が、鈴木さんであった。

「けっこん、やめようかな。片桐さんの前にいると、わたしがわたしでなくなるの。無口になるし、暗あーくなっちゃう……」

「冗談、言わないほうがいいよ。いくつになったのか考えてごらん。二八歳。もう後妻のくちしか来なくなるんだから」

「もう後妻のくちもいくつか来ていたわよ。どうなってもいいわ」

「ああ言えば、こう言う。もう、オレは知らない！」

いつも同じことを言っては、同じようになぐさめてもらっていた。


寮務係では、滝口さんを年上の兄さんのように考え、鈴木さんとは、年齢も同じであるため、よく三人で行動を共にした。仕事上でも遊ぶときもである。

また、このことは半世紀が経ったから書けるのだが、わたしは、ある男性に追いかけまわされていた。「一緒に帰ろう、お茶を飲みにいこう」「正門のところで待っているから」

などと、わたしが婚約していることも知っていながら、執拗ないやがらせが続いていた。わたしは、それを避けるため、鈴木さんに、弟だと名乗って「帰りに向河原の駅で待っているから」とわたし宛てに電話をかけてもらったりしていた。ときには「鈴木さんが誘ったふりをして一緒に帰って」など、二人だけが分かる芝居をしてもらっていた。が、この事件は男性の異動で、ようやくピリオドがついた。

舎監のときにくらべ、寮生男女三五〇〇名を相手にしての仕事はやりがいもあったし、面白かった。できるなら続けたかった。

だが、どうしても婚約者のふところに入っていけない。会社を辞めよう、結婚のことだけ考えるようになったら、夫になるべき片桐さんのなかに、素直に入っていけそうな気がした。

共働きの態勢を整えてくださった上司の方々には、裏切り行為で申しわけなかったが、退職を決意した。

こうして会社を辞めるまで、きっとよくなる、と自分をなだめすかしてきた。かわいい寮生のシンボルでもある、この結婚は辞められないと思っていた。

会社を離れ、全寮生、三五〇〇の瞳を背に感じなくなったとき、わたしは、なんとも言えない解放感と、自由を感じた。久しぶりに「さいとうまさこ」を思い出したような気がした。

ちょうど、そんなときだった。地方に出張し、留守になっていた片桐さんの住まいで、片付けものをしていて指先を痛めた。吹き出る血を止めなければ、と救急箱を探し手当をする。箱のなかに一通の封書が置いてある。開封してあったので、何気なく手にとった。

彼には恋人がいたのだ。「そんなにいやがらずに、まさこさんと結婚なさい」と書いてあった。条件的に結婚できない相手である。これで因数分解は、見事に解けた。

が、わたしはすでにいわゆる「傷もの」になっていた。現在とは違って、世間で許されることではない。一生、結婚もできないし、家の恥にもなるだろう。弟や妹の縁談にもさしさわるかもしれない。

だまって、知らない振りをして結婚することが周囲の人を救うことになるのは確かだ。

だが、自分も大切にしたい。彼のいない二晩、一睡もせずに考えに考えた。

「婚約は破棄する」

決断をくだしたとき、急にからだが軽くなり、目迷いを感じた。

部屋を片付け、シーツとワイシャツを干して、扉を閉めた。

「たいへんお世話になり、ありがとうございました。お別れいたします。あなたを一度は愛したまさこより」

一片のメモと共に、あずかっていた住まいのカギを郵便受けに入れた。「コトン」と音がした。

すべて終わった。

とにかく、何もかも忘れて、ぐっすりと眠りたかった。身分証明書を提示して、川崎の街で、睡眠薬を一ビン、ようやく手に入れた（当時は、こうしないと購入できなかった）。

そのとき、グレーのコートを着ていた、どうして、そうしたのか、ビンから錠剤の薬をだして、コートのポケットに入れた。薬たちは、つっこんだ指先にバラバラとあたる。その感触をたしかめながら、二日分の涙を流した。

薬の量が多かったためか、まる二日間、アパートで、正体不明のように寝こんでしまったようだ。従妹たちに心配をかけた。

「さいとうさん、また、一緒に『ウエストサイド物語』を観ようよ。なにしているんだ、早く目を覚ませ！」

ふしぎなことに、鈴木さんの声で、わたしは目覚めた。退職した夜、お別れにと映画を観たが、そのタイトル名が目覚し時計になったのだ。

「ああ、わたし、どうしたんだろう。死のうとした、いや、違うよ。ただ眠りたかっただけ。さあ行動開始！」

会津に帰って、両親に婚約解消の承諾を得て、仲人をとおして、正式に申し入れてもらわねばならない。

同居していた従妹が結婚して転居する。アパートにおいた荷物の処理を考えなければ――。やっぱり田舎に送ろう。すっきりしたからだは、そんなもろもろのことをどんどん進行させてくれる。

今までの帰郷と違って、磐梯山も姿をあらわさず、歓迎されない里帰りを暗示しているようだ。

父に事の次第と、自分の気持ちを話した。

「わかった。この話はなかったことにしてもらおう」と、意外にすんなりと受け入れてくれた。が、次の言葉はきつかった。やはり剣道七段、「会津魂を持つ父」である。

「まさこ、今晩だけ、家に泊める。あすの朝、この家を出ていきなさい。東京に行くんだ。

もう一度挑戦してごらん。おまえなら、きっとやれる。新しい道を探すんだよ、切り開くんだ」

いかめしい顔をつくっているが、父の眼は泣いている。母は無言のまま、ただ涙を流している。

次の朝、ひとり東京行きの汽車に乗った。上京しても、住むところも、仕事もない。どうしたらいいんだろう。

猪苗代で汽車を降りた。

母が祖母といさかいをしたとき、実家の横を流れる川に入っていくのを、追いかけたことがあった。そのとき母が言った。

「水のなかに入るだけだから、入れさせてくれ。そしたら、きっと、気持ちが納まる」

あの言葉を思い出した。わたしも猪苗代湖の水に足だけ入れてみよう、きっと母のように強くなれる。

「湖水まで」とタクシーに乗った。運転手は「今ごろ、何しに行くんだ。寒いだけだべよ」と、いぶかしげにわたしを見た。

対岸が見えないくらいの湖水で、日本では琵琶湖に次いで大きい。海を知らない幼いとき、「海だ、海だ」と言って両親に笑われたっけ。

晩秋の湖水には人影もなく、水もつめたい。

土産ものを売る店のおばさんが、わたしの側に寄ってきた。

「おめえさん、なにすんだ。この時期、水のなかに入ったら、こごえて死んじまうよ。店に入って、あったかいお茶でも飲んだらいいよ。靴と靴下、ストーブでかわかしていきな」

ここでいただいた番茶の味は、一生、忘れないだろう。

午後一番の汽車に乗って、とにかく、まっしぐらに東京に向かった。車中で、肉親も故郷も忘れよう、仕事のなかで生きてみよう、と心を決めることができた。傷ついた獅子のようなわたしが、上京して、いちばん先に会ったのは鈴木さんだった。

「住むところはどうするの？　どうやって食べていくの？」

と聞かれても答えようがない。

まず、アパート探しにつきあってもらった。渋谷から歩いて一五分ほどの所に、安いアパートを見付けた。四畳半一間と、三〇センチ四方の流し、裸のガスコンロがついている。もちろん、洗面、洗濯所は共同である。すぐ近くに、路面電車の「大橋駅」があった。

仕事も大学の学生課の紹介で、ふりだしにもどったかたちで、編集関係に就職できた。

この間、両親に経過報告はしていたが、あとは、かかわりのある人すべてと連絡を絶った。知人に会いたくなかったのだ。父ではないが、孤独に耐え、新しい道を切り開くことに専念した。新しい仕事は、月に一冊ずつ、歴史関係の雑誌を作ることだったが、楽しくできるのが幸せだった。

ようやく、生きていく基盤ができた。ただひとりの応援者であった鈴木さんの好意を、ありがたいと思う。会社帰りに渋谷の「ハチ公」前で待ち合わせ、よくおしゃべりをした。彼の実家は三軒茶屋で、米穀商を営んでいた。

真冬でもないのに寒い夜だった。やき鳥でも食べようと入った居酒屋でのこと。二人とも、ほろ酔い気分だったことはたしかだ。彼は、お酒に弱いはずなのに、その夜はいつになく盃を重ねている。

「バカだな、いい話だったのに、やめちゃうんだから。でも、いやならしょうがないなあ。

そのうち、オレの友だちのすばらしい奴を紹介するよ。独身でとおすなんて言うなよ。まだ若いんだ。オレが、ちっぽけでもいい、大学さえ出ていたら、とうに嫁さんにしていたのに。残念、残念」

いつもの売り言葉に買い言葉のつもりか、わたしもつい口がすべってしまった。

「今からでも――、こんなわたしでも――、あなたのお嫁さんにしてくれる？」

――えっ、言っちゃった。どうして、どうして――。出てしまった言葉をできるなら、引きもどしたかった。

「それ、本気で言ってるの、ほんとうに、そう思っているの」

こうして始まった鈴木さんとの結婚問題。わたしは自分の本心を言ってしまったものの、ちゅうちょした。そして今度は何回も、彼のプロポーズを断った。同年齢の彼には、若いつぼみのようなお嫁さんを選ぶ権利があるはずだ。「傷もの」を貰った、などと人に言わせたくない。

「過去から一切はなれて生きる、仕事のなかで生きる」と誓ったはずではないかと、自分をも責めた。

だが、彼の愛情は強かった。すべてのことをすっぽりと愛のなかに包みこんで、何者にも負けず、結婚する方向へと進めてくれた。

彼のかたも、私のかたも、賛成してくれる人はいなかった。が、できるなら、祝福されて結婚生活に入りたい。二人は仕事の合い間をぬっては、周囲の人々に話を聞いてもらい、出会いを重ねて、理解してもらうように努めた。

そして、昭和三八年二月一七日、いちおう、みんなに祝福されてスタートを切ることができた。

そのときまで、寮生に対しても、住所不明、消息不明の「どうしちゃったんだろう、困ったせんせい」なのであった。だが、毎晩、夢のなかで、わたしは寮生にかこまれ、責められていた。

「せんせい、約束と違うじゃない？」

「うそ、ついたでしょう」

そんなときのわたしは、いつも泣きながら答えていた。

「あなたがたにだって解って貰えるときがある。きっと来るわ。人を愛するようになったら解る。人に愛されるようになったら解る。そんなにお金がなくたって。きれいなものを着なくたって。立派な家に住まなくたって。ほら、こんな幸せが、いたわって、いたわられて、手と手をつないでいく、この幸せが大切だと思うの。この道を、わたしの一生の道にするよう、せんせいは、このひとりの女は、力いっぱい生きようと胸を張って青空を見あげているのよ。このせんせいを責めたいときは責めてもいい。でも、このひとりの女の心が解ってくれるようになったとき、かわいい、かわいい、あなたがた、『おめでとう』

とひとことだけ言ってちょうだいね」と。

夢のなかでは責めていた寮生たちだが、結婚式当日、多くの心のこもった祝電をくれた。

新婚旅行に出かける東京駅のプラットホームに、花束を手に待っていてくれたのも、寮生たちだった。

「せんせい、おめでとう！」

「鈴木さん、せんせいをいじめたらいやよ」

寮生のひとりが、そっとわたしの耳元でささやいた。

「せんせい、とってもきれいよ。こんなきれいなせんせい、見たことない。いってらっしゃい」

あふれそうになった涙をおさえ、わたしは、その子たちの肩を抱いた。

Ⅵ　会社はタワービルに、若葉寮は？

二月にしてはうららかな一日（平成二七年二月一九日）、N電気株式会社玉川事業所と若葉寮とに、いちばん近い所に住んでいる古作陸子さんと平間駅で待ち合わせた。

駅から若葉寮への道をたどる。五十数年前とは違う。五階建てくらいのマンションが軒を並べ、間に小さい店が点在している。

間もなく「神奈川県立橘高等学校」の表札が見えた。が、その校庭を見下す位置にあった鉄骨建ての若葉寮が見あたらない。一五年前に訪ねたときにあった一寮、二寮のあとのスポーツセンターもない。近代的なしゃれた住宅が並ぶ。その一角で植木の手入れをしていた年配の男性にたずねてみた。

「若葉寮？　きっと、あそこの公園になったところにあった建物だと思うよ。この次の道をまっすぐ行くと、会社の裏門に出るはずだから行ってごらんなさい」

とのことで、裏門をめざすが、途中で若葉寮の跡地になった公園に寄る。丈の高い樹木で囲まれている。その根元には、冬の季節にも負けない小さい赤白の花がぐるりと植えられていた。ブランコとスベリ台があるが、人影はない。

「やっぱり、若葉寮は消えてしまっていたわね」

二人は気落ちした顔を見合わせる。だが、わたしの心のなかでは、「そうか、そうか」と「時の経過」にうなずける思いもあるのが不思議だった。

裏門では、社屋タワーが斜めに見えたからか、表門でみたときの驚きはなかった。テニスをやっている人が見える。守衛さんに聞くと、スポーツ関係の施設は、すべて社内敷地に入ったとのことである。

「あのー、五〇年ほど前に若葉寮という女子寮があったのですが、このなかに寮は――」

「寮はありませんよ。五〇年前というと、ぼくは、まだこのくらいの年齢《とし》でしたから」

守衛さんは、膝ぐらいのところを指さし、にこやかに答えてくれる。

建物のなかに入れないことは予想していた。

「すみませんが、門の外で、会社の建物を入れて二人を撮ってくださいますか」

とお願いしたら快く応じてくれた。

「そこの高架の下を通って、道にしたがって歩くと、向河原の駅前に出ますよ」

たしかに意外に早く駅前に出た。

まず目前に広がった会社の姿に「オオーッ」と声が出る。広い石だたみを経て、白く輝く二棟のビルが見える。入口には守衛さんがいて、高い空に社旗がはためいている。

「この社屋は何階あるのですか」

と問いかけてみた。

「『玉川ルネッサンスビル』と名称があり、いちばん高いのは二〇〇五年築のN棟（ノースタワー）で、三七階あります。二〇〇〇年にはS棟（サウスタワー）、二六階が建っています。ここからは、ちょっと見えにくいのですが、二〇一〇年に建てられた一二階のSC棟も加えると三棟のビルがあります。このビルのなかにはご案内できないのですが、この横の階段を昇られますと、広いテラスがありますので、どうぞごらんください」

ていねいな返事にしたがって、テラスの階段を登る。椅子がおかれ、池を模したような少しの水をたたえたオブジェがある。見上げると片側が藤棚になっている。

「花が咲くときれいだろうね」

と言いながら、しばし、ここで休むことにした。

あのころは、駅からすぐのところに門があり、守衛さんがいて、若かったわたしは、自転車で出入りしていた。当時を思い起こすものはなにひとつ残っていない。

改めて、高くそびえ建つタワービルを目にして、すごいなあ、大きいなあ、すばらしいな、との思いが私の胸を占める。

道をへだてたところに、寮生たちが通っていた上工場がある。ここに半導体工場があった。三階建ての社屋が見える。垣根ごしにのぞいたら、以前と同じ、懐かしい道が見えた。

会社の周辺には、大きくてすばらしいマンションが何棟もそびえ建っている。「いま、いちばん人気の武蔵小杉」の象徴をみた憶いだった。ＪＲ「武蔵小杉」の駅もできていた。まったく変わってしまった、かつてのＮ電気株式会社の周辺を二人は別世界に来たような想いで眺めたのだった。

あのときから半世紀が経つのだ。変わらなければおかしい。進歩がなければ困るのだ。そうだ、わが勤めた会社のますますの発展を祈ろう。

わたしは三つのタワービルを包みこむように、両腕を大きく組みあわせタワーに続く大空を見あげた。

あとがき

戦後、日本の産業界に大きく寄与した、「集団就職」組の人たちの姿を記しておきたいと思い続けておりました。

私が、ここに登場する人たちと出会ったのは、昭和三四年六月のことです。そのときから四年間、寝起きを共にし過ごしました。会社を離れてからは、逢瀬を重ね、文通をし、姉妹のような係わりを続けています。

舎監であった四年間の日誌のようなメモをもとに、彼女たちの現在までも追ってみました。また半世紀間の労働条件の推移と共に勤務していた会社の歴史もたどってみました。

昭和二九年から昭和五〇年までの二一年間、各地から当時の労働省が設けた集団就職列車に乗った方々は、さまざまな分野で実績を残され、活躍されておられます。

そんな人々のなかの、一部分の人々の姿しか、私には描けませんでした。が、一五歳の少年少女たちの、家庭環境と結びつく強い家族愛、学習欲、向上心、実行力で築きあげた今までの道程を、今の世代の方々に読みとっていただければと考えたのもたしかです。まとめあげるまで、多くの方々にご助力をいただきました。

あとがき

「歴史を刻みつける」ことの大切さを藤田秀雄先生、作家の出久根達郎氏から学びました。また当時の上司の方々、そして共に暮らした多くの寮生たちには、写真や資料などご提供いただきました。文章構成をご指導いただいた長谷川進氏にも感謝いたします。

今回、会社名はもちろん、関係者の方々も仮名で記させていただきましたが、半世紀の間、鬼籍に入られた方々もおられます。この場をおかりしまして、心からご冥福をお祈りいたし、お世話いただきましたお礼を申しあげます。

また以前からご縁がありました株式会社「本の泉社」の比留川洋社長と編集員の方々、制作の田近裕之氏により、「一冊」にしてくださいましたこと、心から嬉しく思います。

読者の方々を含め、かかわってくださいました皆様に深く感謝いたします。ありがとうございます。

平成二七年四月一五日　鈴木政子

●著者紹介

鈴木　政子（すずき　まさこ）

・出　生　1934年福島県喜多方市
・学　歴　実践女子大学国文学科卒業
・職　歴　編集者、会社員（舎監）、教員、自営業（書店）を経て、現在は、文章づくり、自分史づくりの講師をつとめる。
・著　書　『あの日夕焼け』（立風書房／文庫版：彩図杜）、
『満州そして私の無言の旅』（立風書房）、

『文集づくり本づくり』『子育てをつづる楽しみ』

『自分史――それぞれの書き方とまとめ方』

（ともに日本エディタースクール出版部）、

『舎監せんせい』（出版フォーラム優秀賞）、

『わたしの赤ちゃん』（北九州市自分史文学賞大賞・学習研究社）などのほか、共著数冊あり。


『舎監《しゃかん》』せんせい ――集団《しゅうだん》就職《しゅうしょく》の少女《しょうじょ》たちと私《わたし》――

2015年7月4日　初版　第1刷　発行

著　者　鈴木《すずき》　政子《まさこ》
発行者　比留川　洋
発行所　株式会社　本の泉社
〒113-0033　東京都文京区本郷2-25-6
電話 03-5800-8494　FAX 03-5800-5353
http://www.honnoizumi.co.jp/
DTPデザイン：田近裕之
印刷　亜細亜印刷株式会社
製本　株式会社　村上製本所

ISBN978-4-7807-1234-6　C0095